# Reiten lernen

# Und zwar "richtig"

Von

Michael D. Cintas

Gewidmet für:

George Morris: Olympia-Reiter, Trainer, trainierte Michael 1964-1966

Alan Balch: Michaels erster Reitlehrer 1960-1962

Die Eltern von Coach Michael

# Danksagungen

Reiten, Jagen, Springen und Dressur".

Es wurde speziell für Eltern, Großeltern, Kinder und Ausbilder geschrieben, die verstehen wollen, wie ein junger Reiter oder ein erwachsener Reitanfänger richtig reiten lernt.

Susie Hutchison, die seit ihrem 18. Lebensjahr professionell reitet, hat über 80 Grand-Prix-Siege errungen und die USA bei wichtigen internationalen Wettbewerben vertreten. Sie wurde sowohl in die National Show Hunter als auch in die Show Jumping Hall of Fame aufgenommen und konzentriert sich nun auf Seminare, Coaching und den Verkauf von Pferden.

# Vorwort

Von Susie Hutchison

Nachdem er die Gladstone Horse Masters (GHM) verlassen hatte, weitete sich Michaels Karriere auf alle Bereiche des Coachings aus. Später kehrte Michael für die Trials nach Gladstone zurück und ritt ein berühmtes Pferd namens "RED-SHOES". Während seiner Zeit bei GHM nahm er im Reitsportteam der USA auf verschiedenen Pferden, darunter "RED-SHOES", erfolgreich an Wettkämpfen teil. George, sein Trainer, arbeitete während seiner Teenagerjahre sechs Tage die Woche eng mit Michael zusammen und ließ ihn eine Reihe von Pferden mit unterschiedlichem Temperament reiten.

Nachdem er die GHM verlassen hatte, kehrte Michael nach Rancho Santa Fe, Kalifornien, zurück, wo er seine eigene Farm gründete und junge Reiterinnen und Reiter förderte, die auf Turnieren in Südkalifornien, Arizona und gelegentlich auch in Oregon, Washington und Spruce Meadows in Calgary antraten.

Zusammen mit seinen Reiterkollegen Hap Hansen, Jimmy Williams und einigen anderen brachte Michael Spitzenreiter hervor, die in der Flacharbeit, über Zäune, Medaillen und den großen Springring reiten konnten. Seit den Olympischen Spielen in Peking im Jahr 2003 ist Michael der olympische Reittrainer für den Modernen Fünfkampf. Er wird seine olympische Trainerkarriere im Juli/August 2024 als Cheftrainer in Paris, Frankreich, beenden.

Michael gibt sein Wissen auch in schriftlicher Form weiter und hat eine ganze Bibliothek erstellt, die sich auf diejenigen konzentriert, die in die Elite-Welt des Springreitens einsteigen wollen. Er bietet weiterhin seine 3-, 5- und 7-tägigen Reitkurse weltweit und in den USA an, die oft in den wunderschönen Reitsportzentren anderer Besitzer und Trainer stattfinden.

Gemeinsam mit seiner Frau Kathy baute Coach Michael in den 1980er Jahren das erste 38.000 Quadratmeter große Reitzentrum im Coachella Valley (Riverside County), das sie im Dezember 2022 verkauften. Dieses Zentrum stand für 40 Jahre schöne Erinnerungen und mehr als 5.000 Schüler, die sich vom Reiten zum Spaß zu nationalen und internationalen Wettbewerben entwickelten. Equestrian Centers International war die letzte ihrer 5 Farmen und markiert den Höhepunkt einer bemerkenswerten Karriere im Reitsporttraining.

# Anmerkung des Autors

*Liebe Leserinnen und Leser: Trainer, Reitschullehrer, Reitakademien, Horsemanship-Schulen und Schüler von sechs Jahren bis hin zu Erwachsenen jeden Alters, die "RICHTIG" reiten lernen wollen.*

Ich habe eine außergewöhnliche Reit- und Lehrerkarriere hinter mir, die ich in den Vereinigten Staaten und weltweit fortsetzen durfte. In diesem Buch lernst du von Anfang an, was es heißt, "RICHTIG reiten zu lernen". Egal, ob du dich zum ersten Mal in den Sattel schwingst oder deine Technik verfeinerst, dieses Buch bietet dir eine klare Grundlage, um ein erfolgreicher Reiter zu werden. Egal, ob du 6 oder 75 Jahre alt bist, dieses Buch wird dich zu einem wunderbaren Anfang bringen, bei dem du von Anfang an lernst. Du wirst ein Teil der wunderbaren Welt der Pferde. Viele von uns träumen davon, ein Pferd zu besitzen, und dieses Buch ermöglicht es dir, etwas über diese großartigen Geschöpfe zu lernen. Du hast die Möglichkeit, mit den Grundlagen zu beginnen und deine Reitfähigkeiten bis zur Perfektion zu entwickeln.

Dieses Buch wird das erste von vielen sein, und wenn du willst, kannst du sogar für dein Land bei den Olympischen Spielen reiten. Wenn du in diese Seiten eintauchst, bereitest du dich auf mein nächstes Buch vor, "Riding into the SHOW RING", das dich tiefer in die Fähigkeiten und Techniken des Turnierreitens einführt.

Wir werden jede Seite lesen, verstehen und anwenden, damit du ein sehr guter Reiter und der Beste wirst, der du sein kannst. Richtiges Reiten lernen wird dir das Gefühl geben, dass du, dein Pony/Pferd und dein Ausbilder eine Einheit bilden! Diese Verbindung, die sich im Laufe der Zeit entwickelt, ist entscheidend für die Beherrschung der Reitkunst.

Der Ausbilder beruhigt die neuen Schüler und sorgt dafür, dass sie sich wohl fühlen. Auch wenn die Reitschüler/innen aufgeregt und nervös sind, freuen sie sich auf das, was sie jetzt erleben werden. Der Ausbilder wird den neuen Reitern verbal versichern, dass ihre erste Unterrichtsstunde eine aufkeimende Freundschaft mit ihrem Pferd bedeutet. Es ist ein Moment des Vertrauensaufbaus, und diese Grundlage ist der Schlüssel für eine erfolgreiche Reise.

In meinem ersten Buch "RICHTIG REITEN LERNEN" betonen wir, dass sich die Eltern, Großeltern und Schüler mit der Reitschule, dem Besitzer, dem Reitlehrer und den anderen Schülern und Eltern sehr wohl fühlen. Ich empfehle den neuen Reitern, verschiedene Höfe im Umkreis von 30 Minuten zu besuchen, den Unterricht zu beobachten und zu beurteilen, wie der Reitlehrer unterrichtet und wie die Schüler reagieren. Von Anfang an ist es wichtig, die Kameradschaft und das Verhalten des Hofes und seiner Mitarbeiter zu beobachten. Die richtige Umgebung zu finden, sorgt für eine unterstützende Atmosphäre, in der sich Pferd und Reiter wohlfühlen.

Der Ausbilder muss dem neuen Schüler die Möglichkeit geben, Fragen zu stellen und die Grundlagen zu verstehen.

Der erste Tag ist sehr wichtig. Der neue Reitschüler, das Pferd, der Ausbilder und der Betrieb müssen eine Komfortzone schaffen, in der sich der Reitschüler sicher und willkommen fühlt. Dieser Raum fördert die Neugierde und das Lernen und legt den Grundstein für eine vertrauensvolle Beziehung zwischen Reiter und Pferd.

Wir ermutigen Familien und neue Reitanfänger, egal ob Erwachsene oder Kinder, mit einer Unterrichtsstunde pro Woche zu beginnen. Nach den ersten vier bis acht Stunden sollte der Reiter auf zwei Stunden pro Woche aufsteigen. Im Gegensatz zu anderen Sportarten, die vielleicht in der Schule oder nach der Arbeit stattfinden, widmen die Reiter/innen ihre sportliche Aktivität außerhalb der Schule dem Reitunterricht. Der Schüler übt seinen Reitsport jetzt mit seinem Partner, dem Pferd, aus. Durch diese Progression können Reiter/innen ihre Fähigkeiten schrittweise ausbauen und sicherstellen, dass sie sich wohlfühlen und sicher werden.

Das Einzigartige und Besondere am RICHTIGEN Reiten lernen ist, dass du mit jeder Stunde geistig und körperlich wachsen wirst. Ich ermutige dich, ein Tagebuch zu führen, in dem du deine Fortschritte und Fragen festhältst, damit du mit einem positiven Gefühl in die nächste Stunde gehst und dich darauf freust.

Nach den ersten vier Unterrichtsstunden sollte dein Reitlehrer dich in eine Gruppe von zwei oder vier Reitern einteilen. Wir nennen das "Comparable Riding", bei dem sich Fahrer mit ähnlichem Leistungsniveau gegenseitig beobachten und lernen können. Der Ausbilder bespricht die

Lektionen der anderen 2-3 Reiter in der kleinen Gruppe und fördert so das Gemeinschaftsgefühl und das gemeinsame Lernen unter den Reitern.

Wenn du dieses Buch fertiggestellt hast, wird es dir als wertvolles Nachschlagewerk dienen, wenn du Fortschritte machst und dich zu einem erfahrenen Reiter entwickelst. Es soll ein Leitfaden sein, auf den du immer wieder zurückgreifen kannst und der dich auf deinem Weg zum besten Reiter unterstützt.

Vielen Dank!

**Trainer Michael.**

# INHALT

EINFÜHRUNG ........................................................................... 1

KAPITEL 1 REITEN AM ANFANG: DIE REISE EINES JUNGEN REITERS................................................................................... 4

KAPITEL 2 DER NEUANFANG UNSERER JUNGEN REITERINNEN UND REITER ...................................................................... 14

KAPITEL 3 REITEN-RECHT-ERSTE-STUNDE.................................... 18

KAPITEL 4 REITEN IN BEWEGUNG .............................................. 26

KAPITEL 5 BRING DEIN PONY/PFERD ZURÜCK ZUM WASCHPLATZ ........................................................................ 30

KAPITEL 6 DAS ERLERNEN DES SITZTRABS UND DES POSTTRABS ......................................................................... 34

KAPITEL 7 ALLEINE REITEN, AUF EIGENE FAUST ......................... 39

KAPITEL 8 ÜBERPRÜFE ALLES, WAS DU BISHER GELERNT HAST ...................................................................................... 43

KAPITEL 9 DEINE DIAGONALEN LERNEN .................................... 47

KAPITEL 10 STANGEN UND CAVALETTIS .................................... 51

KAPITEL 11 ERLERNEN DES GALOPPS ........................................ 54

KAPITEL 12 IN DER NÄCHSTEN SITZUNG DES REITERS WERDEN NUN ALLE GRUNDLEGENDEN FLACHARBEITEN ZUSAMMENGEFÜHRT ........................................................... 58

KAPITEL 13 FLATWORK.............................................................. 64

KAPITEL 14 VERTRAUEN UND KONTROLLE MEISTERN ............. 68

KAPITEL 15 ERLERNEN DES SPRINGENS VON QUERFELDEINKURSEN ........................................................... 75

ÜBER DEN AUTOR ................................................................... 79

# EINFÜHRUNG

Trainer Michael 1980-2022

Reitsportzentren International

Storyline: Michael D. Cintas

Reiten zu lernen ist eine transformative Erfahrung, die weit über die Kontrolle eines Tieres hinausgeht. Es geht darum, eine tiefe Verbindung zu deinem Pferd aufzubauen, körperliche und geistige Ausgeglichenheit zu entwickeln und die grundlegenden Prinzipien der Reitkunst von Grund auf zu verstehen. Egal, ob du als junger Reiter mit 6 Jahren anfängst oder als Erwachsener die Freuden des Reitsports später im Leben entdeckst, die Reise ist eine Reise der Disziplin, der Bindung und des lebenslangen Lernens. Diese Reise, die mit Herausforderungen und Triumphen gefüllt ist, formt nicht nur die Fähigkeiten, sondern auch den Charakter.

Dieses Buch soll sowohl Eltern als auch Reiter durch die wichtigsten Phasen des Reitens führen, angefangen bei der Auswahl des richtigen Ponys, dem Verständnis des Pferdeverhaltens und dem Aufbau einer Beziehung zu deinem Pferd. Jede Stufe baut auf der vorherigen auf und bildet eine solide Grundlage für jeden Reiter. Nach und nach werden fortgeschrittene Reittechniken eingeführt, die das Können, das Selbstvertrauen und eine echte Partnerschaft zwischen Reiter und Pferd fördern.

Hier findest du praktische Ratschläge, wie wichtig der frühe Umgang mit Nutztieren ist, wie du ein Pony auswählst, das zu den Bedürfnissen des jungen Reiters passt, und wie du die ersten Lektionen im Putzen, Satteln und Aufsitzen lernst. Es wird betont, wie wichtig es ist, dass junge Reiterinnen und Reiter auf einer soliden, sicheren Grundlage starten und dabei auf mentale Konzentration, körperliche Ausgeglichenheit und vor allem auf Spaß achten. Durch gut strukturierte Lektionen werden junge Reiter/innen Respekt, Selbstvertrauen und eine dauerhafte Liebe zum Reiten entwickeln.

Für Eltern gibt es Ratschläge zur Auswahl der richtigen Reitschule, zum Verständnis der für den Sport notwendigen Ausrüstung und zur Unterstützung deines Kindes auf seinem Weg zum Reiten. Wenn junge Reiterinnen und Reiter Fortschritte machen, lernen sie nicht nur zu reiten, sondern auch, sich um ihr Pferd zu kümmern und wertvolle Lebenskompetenzen wie Verantwortung, Geduld und Ausdauer zu erwerben. Diese Lektionen gehen über das Reiten hinaus und stärken den Charakter und die Lebenskompetenzen, die die Reiter/innen in alle Bereiche ihres Lebens mitnehmen.

Der Weg zu einem kompetenten Reiter oder einer kompetenten Reiterin beinhaltet viel mehr als nur im Sattel zu sitzen. Es geht darum, die Feinheiten der Pferdepflege zu lernen, Vertrauen aufzubauen und einen tiefen Respekt für diese großartigen Tiere zu entwickeln. Reiterinnen und Reiter lernen nicht nur eine Fertigkeit, sondern gehen eine Beziehung zu ihrem Pferd ein, die auf gegenseitigem Respekt und Verständnis beruht. Dieses Buch vermittelt dir das nötige Wissen, um sicherzustellen, dass diese Reise für jeden Reiter sicher, angenehm und erfüllend ist - unabhängig von seinem Alter oder sciner Erfahrung.

# KAPITEL 1
# REITEN AM ANFANG:
# DIE REISE EINES JUNGEN REITERS

Junge Reiterinnen und Reiter sollten heute ernsthaft im Alter von 6 Jahren mit dem Erlernen des Reitsports beginnen. In diesem Alter können Kinder damit beginnen, wichtige Fähigkeiten und Disziplin zu entwickeln und gleichzeitig ein starkes Fundament in der Reitkunst aufzubauen. Davor sollte es nur eine Einführung in alle Nutztiere geben, die dem jungen Kind zur Verfügung stehen. Ich bin mein erstes Pony geritten, als ich 2 oder 4 Jahre alt war, und ich habe mich sofort in alle Ponys verliebt. Dieser frühe Kontakt war von unschätzbarem Wert, denn er entfachte eine lebenslange Leidenschaft für das Reiten und für Tiere.

Ich hatte das Glück, auf einem Bauernhof, "Kenmore Stables", in San Diego (Mission Valley River Bottom) zu sein, wo ich Ziegen, Schafe, Schweine und Hühner hatte. Als ich mit diesen Tieren aufgewachsen bin, habe ich nicht nur gelernt, wie man sich um sie kümmert, sondern auch, wie man mit ihnen auf eine Weise kommuniziert, die über Worte hinausgeht. Ich lernte sehr früh, wie ich mit allen Tieren um mich herum kommunizieren konnte, was mir auch bei der Kommunikation mit den Ponys und Pferden half. Diese Erfahrung ermöglichte es mir, ein Gefühl des Respekts und der Empathie für jedes Lebewesen zu entwickeln, das ich in meine Beziehung zu Ponys und Pferden übernommen habe.

Ein junger Reiter oder Erwachsener sollte sowohl körperlich als auch geistig ausgeglichen und konzentriert sein. Beim Reiten geht es nicht nur um Technik, sondern auch um Achtsamkeit, Ausgeglichenheit und Verständnis. Es wird empfohlen, mit viel Spaß und moderater Disziplin zu beginnen. Spaß hält junge Reiterinnen und Reiter bei der Stange, während Disziplin ihnen Struktur gibt und ihnen zeigt, wie viel Hingabe das Reiten erfordert. Wir spielen nicht mehr mit Stofftieren, sondern mit echtem Engagement, das Verantwortung lehrt und im Gegenzug Freude bereitet.

Der Unterricht für junge Reiterinnen und Reiter sollte im Alter von 6 Jahren beginnen, während Erwachsene in jedem Alter anfangen können. Für neue Reiterinnen und Reiter sollte der Unterricht privat sein, mindestens 30 Minuten dauern und in den ersten 6 Monaten mindestens zweimal pro Woche stattfinden. Nach dieser Einführungsphase kann der junge Reiter oder die junge Reiterin aufsteigen, sobald er oder sie sich auf das Pony oder Pferd eingestellt hat und Wachsamkeit und Vertrauen zeigt. Im Alter von etwa 7 Jahren oder nach einem Jahr Unterricht sollten junge Reiter/innen auf drei Tage pro Woche wechseln. Diese höhere Frequenz trägt dazu bei, die Fähigkeiten zu festigen, und bietet die Möglichkeit, eine engere Bindung zu ihrem Pferd aufzubauen. Dies ist auch der perfekte Zeitpunkt für Eltern, um darüber nachzudenken, ob sie ihrem Kind ein Pony leasen oder kaufen sollen, denn es kann ihr bester Freund werden.

Der Ausbilder sollte sich mit dem richtigen Reittier für jeden Reiter auskennen. Die Wahl des richtigen Ponys oder Pferdes ist entscheidend, damit sich der Reiter sicher und unterstützt fühlt. Es ist nie nötig, ein teures Pony zu kaufen. Was Eltern wollen, ist ein Pony, das wie eine Versicherungspolice ist - sehr sicher, sehr ruhig und sehr lieb. Gute Ponys sind tatsächlich Versicherungspolicen. Sie bieten einen zuverlässigen, sanften Einstieg ins Reiten und vermitteln den jungen Reitern Vertrauen und Komfort. Der Kauf eines Ponys, das sicher und ruhig ist, sehr weiche Gänge hat und über tadellose Bodenmanieren verfügt, ist von entscheidender Bedeutung. Der erste Kauf sollte ein Pony sein, dessen Größe zur Größe des jungen Reiters passt, damit es überschaubar ist und Spaß macht.

Die Ponygrößen variieren und sollten nach der Größe des Reiters ausgewählt werden: Kleine Ponys (keine Miniaturen) haben eine Größe von 10 bis 12,2 Händen, mittlere Ponys von 12,2 bis 13,2 Händen und große Ponys von 13,2 bis 14,2 Händen. Nach dieser Größenordnung würden Reiter/innen auf Pferde umsteigen.

7

Die durchschnittliche Pferdegröße beginnt bei 14,2 Händen und kann ziemlich groß sein. Für ältere junge Reiterinnen und Reiter liegt der Durchschnitt bei 16 bis 16,3 Händen, und in der Welt des Reitsports haben die Pferde oft eine Durchschnittsgröße von 16,3 Händen. Pferde können sogar noch größer sein, vor allem, weil viele Kinder heute größer werden und daher größere Reittiere besser geeignet sind.

Um ein Pferd zu messen, beträgt das Maß in der Hand eines erwachsenen Menschen (seitwärts) 4 Zoll. Jede "Hand" ist eine Einheit, die vier Zoll entspricht. Miss das Pony oder Pferd von der vorderen linken Seite des Hufes auf dem Boden in einer vollkommen geraden Linie bis zum Widerrist (sozusagen dem Halsknochen). Dieses Maß zu verstehen, ist ein wichtiger Teil der Grundkenntnisse der Reitkunst. Du kannst dein Maß mit einem Pferdemaßstab oder einem normalen Aluminiummaßband überprüfen. Je mehr Reiterinnen und Reiter die grundlegenden Horsemanship-Fähigkeiten erlernen, desto mehr werden sie eins mit ihrem Pony oder Pferd.

Eltern, die ihre Kinder mit den Grundlagen der Reitkunst und dem Unterricht beginnen, sollten so viel Zeit wie möglich mit ihrem Pony verbringen. Junge Reiterinnen und Reiter beginnen ihre Reise von Grund auf und lernen alles vom Umgang bis zum Aufsitzen. Es ist hilfreich, wenn die Eltern ihre Kinder 15 bis 20 Minuten vor Beginn des Unterrichts zur Reitschule bringen. Bring immer Karotten mit - keine Pferdeleckerlis, die schwieriger zu füttern sind und das Pony reizen können. Die jungen Reiterinnen und Reiter müssen eine Beziehung zu ihrem Pony aufbauen. Indem er seinem Pony eine Karotte anbietet und es sanft am Hals, an der Schulter und schließlich an der Stirn und den Wangenknochen tätschelt, baut der junge Reiter oder Amateur eine körperliche Verbindung zu seinem Pony auf. Diese Interaktion stärkt die Bindung und schafft das, was viele als eine "100%ige Liebesbeziehung" zwischen Reiter und Pony bezeichnen.

Wenn Eltern beschließen, ihr Kind mit dem Reitunterricht zu beginnen, sollten sie die folgenden Richtlinien beachten:

- Nimm Kontakt zu mehreren Reitschulen im Umkreis von 30 Minuten um deinen Wohnort oder die Schule deines Kindes auf und stelle diese wichtigen Fragen:

  o In welchem Alter fängst du an, junge Reiterinnen und Reiter zu unterrichten?

  o Wer sind die Ausbilder? Recherchiere ihre Qualifikationen und Erfahrungen.

  o Besuche ihre Website.

  o Wie lange ist die Akademie schon im Geschäft?

  o Überprüfe ihre Referenzen.

  o Erkundige dich nach dem Hintergrund der Schulpferde (wir nennen sie "Hochschulabsolventen").

  o Welche Tage sind verfügbar?

  o Wie hoch sind die Kosten für den Unterricht und gibt es auch Reitpakete?

  o (Das Wichtigste) Da alle Reiterinnen und Reiter von Grund auf lernen, lernen sie ihr ABC vor dem Aufsteigen?

  o Beginnen alle jungen Reiterinnen und Reiter an der Longierleine? Erkundige dich auch nach der erforderlichen Kleidung für dein Kind.

In den ersten 3 bis 4 Unterrichtsstunden tragen junge Reiterinnen und Reiter in der Regel Jeans, ein kurz- oder langärmeliges Hemd mit Gürtel und einen Schuh mit harter Sohle oder einen stabilen hohen Schuh. Der Helm, eine sogenannte Jagdmütze, wird in der Regel von der Reitschule gestellt. Nach diesen ersten Lektionen wird der qualifizierte Ausbilder cinc Kleiderordnung für dein Kind aufstellen. Es gibt viele erschwingliche Geschäfte, in denen du die richtige Ausrüstung kaufen kannst, z. B. eine Jagdmütze, ein Polohemd, eine Reithose oder eine Reithose, Paddockstiefel oder hohe Stiefel und andere Dinge, die du brauchst.

Eltern und Großeltern sollten sich intensiv um ihre Kinder kümmern. Halte Momente auf Video und Fotos fest, sprich über ihre Fortschritte und ermutige sie, diese Momente mit Freunden und Familie zu teilen. Je mehr junge Reiterinnen und Reiter sehen, dass du dich genauso für diesen neuen und wunderbaren Sport begeisterst wie sie, desto mehr werden sie Erfolg haben.

***Diese Grafik veranschaulicht den Verlauf der Reitstunden und die entsprechende Größe der Ponys oder Pferde mit dem Alter eines jungen Reiters.***

- X-Achse (Alter in Jahren): Das Diagramm zeigt das Alter des Reiters ab dem Alter von 6 Jahren, dem empfohlenen Alter für den Beginn des offiziellen Reitunterrichts.
- Linke Y-Achse (Häufigkeit der Unterrichtsstunden): Die blaue gestrichelte Linie zeigt die Häufigkeit der Unterrichtsstunden pro Woche. Im Alter von 6 Jahren wird den Fahrern empfohlen, zweimal pro Woche Unterricht zu nehmen. Im Alter von 7 Jahren steigt die Häufigkeit der Unterrichtsstunden auf dreimal pro Woche und bleibt auch in späteren Jahren konstant.
- Rechte Y-Achse (Pony-/Pferdegröße in Hands): Die grünen Balken zeigen die Größe des Ponys oder Pferdes in Händen an (eine Maßeinheit, bei der 1 Hand 4 Zoll entspricht). Die Größe des Reittiers nimmt mit dem Alter zu:

12

o   Im Alter von 6 bis 7 Jahren fängt der Reiter oder die Reiterin normalerweise mit einem kleinen oder mittelgroßen Pony (10-12,5 Hände) an.

o   Im Alter von 10 Jahren wechselt der Reiter auf ein großes Pony (13,5 Hände).

o   Ab dem 14. Lebensjahr steigt der Reiter auf ein ausgewachsenes Pferd um, das etwa 15 Hände groß ist.

Diese Grafik verdeutlicht, dass die Häufigkeit der Unterrichtsstunden und die Größe der Ponys mit der Entwicklung der reiterlichen Fähigkeiten allmählich zunehmen, um eine sichere und ausgewogene Entwicklung zu gewährleisten.

13

# KAPITEL 2
# DER NEUANFANG UNSERER JUNGEN
# REITERINNEN UND REITER

Jetzt, wo die Erwachsenen die endgültige Entscheidung getroffen haben, welche Reitschule ihr Kind besuchen soll, ist der ideale Zeitpunkt, um eine Woche lang den Unterricht anderer junger Reiter zu beobachten. Diese Beobachtungszeit hilft den Eltern, einen Einblick in den Unterrichtsstil, das Umfeld und die Dynamik der Reitschule zu bekommen. Mach dir Notizen, egal ob du selbst reitest oder nicht. Sprich mit anderen Eltern, um ihre Sichtweise zu erfahren, sachdienliche Fragen zu stellen und ein Gemeinschaftsgefühl zu schaffen, das der junge Reiter mit seinen neuen Freunden in der Reitschule verbindet. Sei immer da, um zu ermutigen und zu führen, damit dein junger Reiter sich bei jedem Schritt unterstützt fühlt.

Überlege dir, ob du den nächsten Geburtstag deines jungen Reiters in der Akademie feiern willst. Melde dich freiwillig, um die Veranstaltung zu organisieren und lade die anderen jungen Reiter/innen und ihre Familien ein. Diese Feier stärkt den Zusammenhalt und lehrt unsere Jugendlichen, schon in jungen Jahren Freundschaften zu

15

schließen und sich gegenseitig zu unterstützen. Diese gemeinsamen Erlebnisse stärken die Kameradschaft und den Zusammenhalt, sowohl mit Gleichaltrigen als auch innerhalb der Reitsportgemeinschaft.

Die Eltern oder Großeltern müssen täglich ein Tagebuch führen, wenn ihr Kind in der Reitschule ist - reiten, beobachten, Kontakte knüpfen und immer in der Nähe der Tiere sein. Videos sind sehr wichtig, damit die ganze Familie sie sehen und daran teilnehmen kann.

Achte darauf, dass du als Elternteil nie in Eile bist, wenn dein Kind reiten lernt. Bei dieser einen Sportart muss das Kind oder der Erwachsene geistig und körperlich motiviert sein und so viel Zeit wie möglich haben, um sich zu konzentrieren und die Beziehung zu seinem Pony/Pferd aufzunehmen.

# KAPITEL 3
# REITEN-RECHT-ERSTE-STUNDE

Eltern und Großeltern, beteiligt euch zu 100 % an diesem wunderbaren neuen Kapitel auf dem Weg eures jungen Fahrers. Deine Unterstützung bedeutet alles für sie. Biete an, bei allem mitzuhelfen, was die Akademie oder dein Ausbilder brauchen oder wünschen. Nimm an besonderen Veranstaltungen wie Geburtstagsfeiern teil, und wenn der Geburtstag deines Kindes ansteht, überlege dir, ob du eine unvergessliche Feier zum Thema Pony planst. Lade andere Kinder in der gleichen Altersgruppe ein, um Freundschaften zu fördern, die durch gemeinsame Erfahrungen wachsen.

Bei der Geburtstagsfeier sollte sich alles um die jungen Reiterinnen und Reiter und natürlich um das Geburtstagskind drehen. Mache sie zu etwas ganz Besonderem mit Pferde- und Ponyspielen, bei denen die Kinder Spaß mit ihren Ponys haben. Auf der Torte könnte ein buntes Pony abgebildet sein, und jedes Kind kann ein Pony ausmalen und ihm einen Namen geben, den es als Andenken mit nach Hause nehmen kann. Solche kleinen Aufmerksamkeiten machen den Tag für alle Beteiligten unvergesslich.

In der ersten Reitstunde sind die jungen Reiter/innen vollständig angezogen und tragen immer eine Jagdmütze. Sie

19

werden lernen, ihr Pony oder Pferd zu striegeln, einschließlich Techniken wie Striegeln und Bürsten. Der Ausbilder zeigt den Reitschülern, wie sie die Füße (Hufe) des Pferdes an der Unterseite auskratzen und säubern, damit die Fußsohle des Pferdes ganz sauber ist. Diese grundlegende Pflegeroutine ist für die jungen Reiter/innen sehr wichtig. Anschließend zeigt der Ausbilder, wie das Pony aufgesattelt wird, und die Schüler/innen sehen zu, wie der Ausbilder dem Pony das Sattelzeug (die Ausrüstung) anlegt.

Hier findest du eine Liste mit Gegenständen, die zum Striegeln des Pferdes verwendet werden, sowie eine Liste der Dinge, die für das richtige Aufsatteln benötigt werden:

In der Pflegebox findest du die folgenden Artikel:

1. Eine Pflegebox (sowohl für Kinder als auch für Erwachsene).

2. Eine harte und eine weiche Bürste.

3. Ein Handtuch.

4. Ein Hufkratzer mit einem Bürstenende.

5. Ein Gummicurry (niemals Stahl).

6. Eine Mähnen- und Schweifbürste mit mittleren Borsten.

7. Ein mittelgroßer, weicher Schwamm.

8. Flüssiger Hufverband mit einem Pinsel.

9. Fliegenspray in einer Sprühflasche und Fliegencreme.

10.    Eine Sprühflasche, gemischt mit Wasser und Babyöl.

11.    Ein Paar Gummi- oder Plastikhandschuhe.

12.    Vordere und hintere Sehne und Knöchelstiefel.

Diese Liste ist deine Grundausstattung für dich und dein Pferd oder Pony. Beschrifte deine Ausrüstung immer mit dem Namen deines Pferdes, damit du sie leicht identifizieren kannst.

Jetzt lass uns mit unserem Lehrer weitermachen.

Der Ausbilder lässt den jungen Reiter oder die junge Reiterin mit dem Pony oder Pferd gehen. Dabei hält er oder sie die Zügel über den Hals des Ponys, während er oder sie auf der linken Seite neben der linken Schulter geht und sich zur Mitte des Rings bewegt, wo ein Aufsattelblock aufgestellt wird.

Der Ausbilder bittet das Kind, sich auf die oberste Stufe zu stellen, und der junge Reiter lernt, wie er sein Pony richtig aufsteigen kann. Die junge Reiterin oder der junge Reiter hält die Zügel in der linken Hand und blickt mit dem Rücken zur Vorderseite des Ponys. Mit der rechten Hand ergreift er den Steigbügel und stellt den linken Fuß hinein. Der/die Reiter/in wird angewiesen, sich aufrecht hinzustellen und sein/ihr rechtes Bein über den Sattel zu legen, als ob er/sie auf einem Stuhl mit gerader Lehne sitzen würde.

Sobald der Reiter im Sattel sitzt, zeigt der Ausbilder dem jungen Reiter, wie er seinen Fuß in den rechten Steigbügel stecken muss, damit beide Beine und Füße gleichmäßig

21

ausbalanciert sind, während er still sitzt. Nun lernen sie, wie sie die Zügel in jeder Hand halten, wobei sie die Hände in einem 45-Grad-Winkel mit den Daumen nach oben halten und die Hände geschlossen sind.

Unsere jungen Reiterinnen und Reiter lernen in ihrer ersten Stunde die drei grundlegenden Reitpositionen. Diese werden vermittelt, während Pferd und Reiter stillstehen, damit sie sich entspannt und sicher fühlen.

Bei der ersten Position, der sogenannten 3-Punkt-Position, sind drei Körperteile des Reiters in Kontakt mit dem Pferd: Hände, Sitz und Beine. Der Reiter sitzt in vertikaler Ausrichtung (stell dir eine gerade Linie von der Schulter über die Hüfte bis zum Absatz vor). Das ist unsere "Hunting-Seat-Position" und lehrt den jungen Reiter, sein Gleichgewicht zu halten. Der Ausbilder ermutigt den Reiter, den Brustkorb zu heben (anstatt zu sagen: "Leg die Schultern zurück", denn das kann die Schultern versteifen). Sie lernen, den Hüftwinkel zu schließen und das Knie leicht zu öffnen, damit sie nicht mit dem Knie das Gleichgewicht einklemmen oder abdrücken. Sobald sie in der 3-Punkt-Position richtig sitzen, üben sie, ihre Sitzknochen aus dem Sattel zu heben und wieder in den Sattel zu sinken, um ihre Flexibilität und Beweglichkeit zu verbessern.

Die nächste Position, die früher als 2-Punkt-Position bezeichnet wurde, wird jetzt als Halbsitzposition bezeichnet. Bei dieser Position ist die Hüfte leicht nach vorne geneigt und der Reiter schiebt seine Sitzknochen sanft in den Sattel zurück (die Mitte des Sattels, auch Basis genannt). Sie werden aufgefordert, ihre Fersen von der Wade nach unten zu drücken und zu spüren, wie sich das Gewicht auf die Fersen verlagert. Die Hände werden in einem 45-Grad-Winkel nach vorne gehalten, wobei die Knöchel leicht in die Mähne des Pferdes vor dem Widerrist gedrückt werden. Im Halbsitz sind zwei Körperteile des Reiters in Kontakt mit dem Pferd: der Sitz und die Beine. Der Oberkörper bewegt sich leicht nach vorne, wobei die Zügel weich geschlungen werden. Die Reiterinnen und Reiter üben den Wechsel zwischen der 3-Punkt- und der Halbsitzposition in kurzen Abständen, bis sie sich wohl und ausgeglichen fühlen.

Die letzte Position, die sie in ihrer ersten Lektion lernen, ist die 1-Punkt-Position. Dabei steht der Reiter aufrecht, als ob er auf dem Boden stünde, und die Füße sind etwa einen Meter voneinander entfernt. Diese Position dehnt den unteren Rücken, die Waden und die Fersen und hebt gleichzeitig den Brustkorb an. In der 1-Punkt-Position sind nur die Beine des Reiters mit dem Pferd in Kontakt. Um das Gleichgewicht zu halten, kann der junge Reiter im Stehen die Mähne des Pferdes festhalten, damit er sich leichter zentrieren kann, ohne zusammenzubrechen.

Diese erste Stunde dient als Einführung für unseren jungen Reiter. Die Eltern sollten die Stunde aufzeichnen, damit das Kind sie später nachlesen und seine Fortschritte sehen kann. Die Eltern können sich auch Notizen in einem Tagebuch machen oder, wenn sie ein iPad benutzen, die Notizen abtippen oder ausdrucken, damit sie leicht zu lesen sind. Auf diese Weise kann der junge Reiter das Gelernte noch

einmal Revue passieren lassen und zuversichtlich in die
nächste Unterrichtsstunde gehen.

***Hier ist das Diagramm, das die verschiedenen
Reitpositionen in der ersten Lektion zusammen mit der
entsprechenden Anzahl von Kontaktpunkten zwischen
Reiter und Pferd zeigt:***

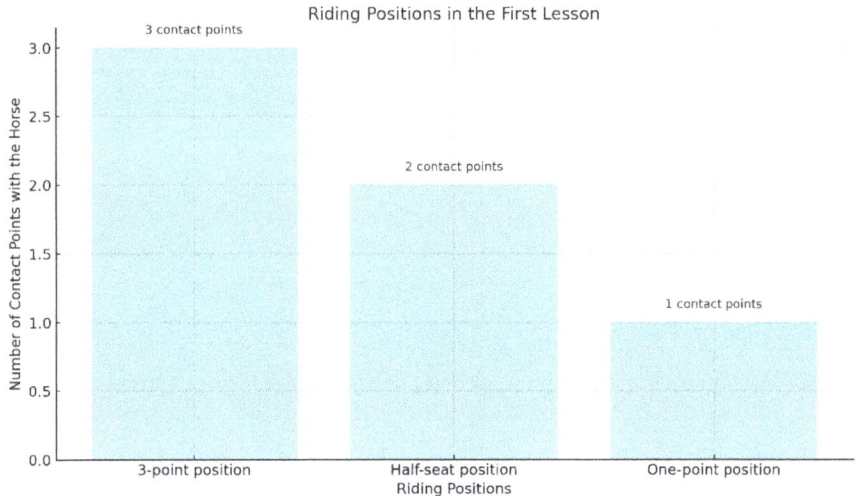

3-Punkt-Stellung: Die Hände, der Sattel und die Beine des
Reiters haben Kontakt mit dem Pferd, sodass es sich um eine
stabile Position mit drei Kontaktpunkten handelt.

Halbsitzposition (2-Punkt): Sitz und Beine des Reiters sind in
Kontakt mit dem Pferd, wobei er sich leicht nach vorne lehnt
und die Kontaktpunkte auf zwei reduziert.

Ein-Punkt-Stellung: Nur die Beine des Reiters haben Kontakt
mit dem Pferd, so dass der Kontakt minimal ist und der Reiter

gerade stehen kann, was das Gleichgewicht und die Dehnung fördert.

Diese Grafik stellt visuell dar, wie sich die Verbindung des Reiters mit dem Pferd verändert, wenn er verschiedene Reitpositionen einnimmt, und hilft ihm, sein Gleichgewicht, seine Flexibilität und seine Reitfähigkeiten zu entwickeln.

# KAPITEL 4
# REITEN IN BEWEGUNG

Nach den ersten vier Lektionen sollte der ernsthafte Reiter zwei Lektionen pro Woche nehmen, mit einem oder zwei Tagen Pause dazwischen, und dann die zweite Lektion innerhalb derselben Woche. Diese Routine gibt jungen Reitern Zeit, das Gelernte zu verinnerlichen und ihre Fähigkeiten aufzufrischen. Der Unterricht findet an der Longe statt, mit einem Radius von 30-45 Fuß für ein Kind und 45-60 Fuß für einen Erwachsenen. Der Unterricht findet ausschließlich im Schritt statt, mit Pausen, die durch Stimmkommandos verstärkt werden - immer mit "ho" statt "whoa!".

Der Ausbilder betont das Wort "ho" gegenüber dem Reiter, der es 4-5 Mal wiederholt, um den Klang zu verstärken. Im Laufe der Stunde lernt der Reiter, effektiv mit seinem Pony zu kommunizieren. Auch wenn die Tiere keine Worte verstehen, reagieren sie gut auf gleichbleibende Geräusche und Töne. Zu Beginn der Lektion wird der Reiter angewiesen, das Pony mit dem Wort "walk" in Bewegung zu setzen und es gleichzeitig mit einem sanften Tritt von beiden Beinen zu stoßen. Das Pony geht dann und der Ausbilder erinnert den Reiter daran, sowohl durch das Maul als auch durch die Nase zu atmen, um ruhig und konzentriert zu bleiben.

Der junge Reiter hält die kurzen Zügel über dem Widerrist des Ponys und übt das Anhalten des Ponys. Wenn der/die Reiter/in "Ho" sagt, zieht er/sie das Pony sanft mit beiden Händen durch die Ellbogen zurück. Es ist völlig in Ordnung, wenn der Reiter bei Bedarf mehr als einmal "ho" sagt und dabei eine ruhige, gleichmäßige Stimme benutzt. Der Reiter lernt, mindestens 5 Sekunden lang anzuhalten, und der Ausbilder leitet ihn beim Zählen dieser Zeit an. Jedes Mal, wenn das Pony positiv auf die Kommandos des Reiters reagiert, sollte der Reiter das Pony zur Belohnung auf den

27

Hals klopfen. Diese Sequenz wird 5-6 Mal wiederholt, abwechselnd im Vorwärtsgehen und im Stehenbleiben, bis sich Pony und Reiter sehr wohl miteinander fühlen. Der Reiter wird bald merken, dass das Reden mit dem Tier eine wichtige Kommunikationsfähigkeit ist, die ihre Bindung stärkt.

In dieser wichtigen Lektion leitet der Ausbilder den Reiter an, in beide Richtungen zu arbeiten. (Die Etikette beim Reiten besagt, dass man beim Betreten des Reitplatzes immer mit der "linken Spur" beginnt).

Beim Betreten des Rings wendet sich der Reiter zum Beispiel immer nach rechts, wodurch seine Innenhand die linke Hand ist (die Hand, die der Ringmitte am nächsten ist) und die Richtung als "links" bezeichnet.

In der zweiten Hälfte der Lektion lässt der Ausbilder den Reiter an der Longe auf die "rechte Spur" wechseln und hilft ihm, das Pony in die entgegengesetzte Richtung zu lenken. Wenn der Reiter das Pony zum Beispiel nach rechts wendet, benutzt er sein äußeres Bein (linkes Bein) und die rechte Hand, um das Pony nach rechts zu führen.

Beim Linksabbiegen benutzt der Reiter sein rechtes Bein und die linke Hand. Diese Reithilfen bilden die Grundlage für eine effektive Kommunikation zwischen Reiter und Pony.

Am Ende jeder Lektion übt der junge Reiter den Abstieg vom Pony auf den Boden, wobei er darauf achtet, dass beide Beine/Füße gleichzeitig aufkommen. Für den Abstieg nimmt der/die Reiter/in beide Zügel in die linke Hand und hält sich mit den Fingern unter dem Sattelknauf fest. Er stellt sich in beide Steigbügel, schwingt sein rechtes Bein über den Sattel und gibt das Stimmkommando "Ho", um sich zu entspannen. Sobald das rechte Bein über dem Sattel ist, bleiben sie kurz stehen und lassen dann den linken Fuß aus dem Steigbügel gleiten. Der Ausbilder unterstützt den Reiter, indem er seine Taille festhält und ihm hilft, das Gleichgewicht zu halten, bevor er leise auf den Boden gleitet.

Unter Anleitung des Ausbilders führt der Reiter die Zügel über den Hals und den Kopf des Pferdes, wobei er die Schnalle mit der linken Hand und den Rest der Zügel in einer Höhe von 12 cm mit der rechten Hand hält. Der Reiter sieht zu, wie der Ausbilder die Steigbügel über die Riemen auf der linken Seite nach oben zieht und dann den Sattelgurt (den Gurt, der den Sattel in Position hält) lockert. Der Ausbilder löst den ersten Sattelgurt (es gibt drei) und lässt ihn locker, während der dritte Sattelgurt befestigt bleibt. (Der mittlere Gurt dient als Ersatz, falls einer der anderen reißt.)

Dann folgt der Reiter dem Ausbilder auf die rechte Seite des Pferdes, wo er den anderen Steigbügel hochzieht, um ihn an den Ledern hochzuschieben. Wenn der Reiter an Selbstvertrauen gewinnt, wird er anfangen, die Gurte selbst zu lockern. Nach der 4. oder 5. Unterrichtsstunde können die meisten Reiter dies unter Anleitung ihres Ausbilders selbstständig tun.

# KAPITEL 5
# BRING DEIN PONY/PFERD ZURÜCK ZUM WASCHPLATZ

Zum Striegeln gehen Reiter und Ausbilder gemeinsam auf der linken Seite des Ponys und gehen zurück zum Waschplatz, wo das Pony ursprünglich gestriegelt und gesattelt wurde. Wenn sie sich dem Waschplatz nähern, schauen Reiter und Ausbilder geradeaus und führen das Pony dann in den Putzplatz (auch Waschplatz genannt), bevor sie das Pony nach links drehen und es vor den Putzplatz führen. Diese organisierte Vorgehensweise sorgt dafür, dass sowohl das Pony als auch der Ausbilder ausgerichtet und sicher sind.

Der Ausbilder demonstriert, wie das Zaumzeug abgenommen wird, nachdem das Halfter um den Hals des Ponys gelegt und ein Führstrick befestigt wurde. Mit den Zügeln in der linken Hand löst der Ausbilder den Nackenriemen um den Hals des Pferdes (Adamsapfel). Nachdem er den Gurt gelöst hat, löst er den Nasenriemen, sodass die Trense über die Ohren des Pferdes gleiten kann (Kopfstück). Sobald das Zaumzeug abgenommen ist (wobei das Halfter und der Führstrick bereits um den Hals des Ponys befestigt sind), legt der Ausbilder das Halfter um den Kopf des Ponys, indem er den Halfterriemen um das Genick (den Scheitel) des Pferdes legt und durch die Schnalle befestigt, wobei der Führstrick noch befestigt ist.

Sobald das Halfter sicher ist, kann das Führseil abgenommen und an den Haken des Waschgestells gehängt werden. Das Pony wird dann mit zwei Kreuzbändern gesichert - eines auf jeder Seite des Halfters -, damit es sicher an seinem Platz bleibt. Nun kann der Sattel vom Rücken des Ponys abgenommen und zusammen mit dem Zaumzeug auf die Sattelablage im Putzplatz gelegt werden. Das Pony ist jetzt bereit für ein Bad (mit warmem Wasser) oder für weitere Pflegemaßnahmen, je nach Bedarf.

(Eine Liste von Pflegeartikeln, die immer verfügbar sein sollten):

1. Einen Eimer mit warmem Wasser und einen Schwamm.
2. Einen Eimer mit Seifenwasser und einen Schwamm.
3. Einen Eimer mit Einreibemittel (vorzugsweise Bigeloil oder Vetrolin in warmes Wasser gemischt).
4. Ein Aluminiumschaber, um überschüssiges Wasser nach dem Seifenbad zu entfernen.
5. Je nach Wetterlage, wenn es draußen kalt ist oder das Pony frisch geschoren wurde, legst du nach dem Entfernen des überschüssigen Wassers eine weiche Baumwolldecke über den ganzen Körper des Ponys, um seine Temperatur zu regulieren.

Sobald das Pony trocken ist, kann es zurück in die Box oder auf den Paddock gebracht werden. Wenn es Abend ist oder kühleres Wetter erwartet wird, kannst du dem Pony eine Decke überziehen, um es zu wärmen.

Deine nächste Lektion:

31

Der aufsteigende Trab, auch Postiertrab genannt, ist eine immerwährende Bewegung, an die sich junge Reiterinnen und Reiter leicht gewöhnen können, wenn sie richtig erklärt werden. Wir beginnen damit, den Aufsteigenden Trab Schritt für Schritt zu lehren: zuerst im Stillstand, dann im Schritt und schließlich im eigentlichen Aufsteigenden Trab. Der Ausbilder demonstriert, indem er mit gebeugten Knien auf dem Boden steht und zeigt, wie die Bewegung im unteren Rücken beginnt, in die Sitzknochen übergeht und über die inneren Oberschenkel mit leicht geöffneten Kniewinkeln verbunden wird.

Der Schüler lernt, dass der Posting Trab eine Vorwärts-Rückwärts-Bewegung ist, die sich von der Basis (Mitte) des Sattels zum Sattelknauf (vorne) bewegt. Die Reiter sollten es vermeiden, einfach nur auf und ab zu hüpfen. Stattdessen sollten sie daran arbeiten, ihr Gewicht über die Waden auf die Fersen und Stiefel zu verlagern und sich von diesem Gewicht stabilisieren zu lassen. Dieser Ansatz sorgt für ein geschmeidigeres, verbundenes Reiten.

In dieser Stunde geht es ausschließlich um das Üben des aufsteigenden Trabs, der im Stehen beginnt und allmählich in den Schritt übergeht. Zieh dich warm an, wenn es draußen kühl ist, und zieh eine Jacke und ein langärmeliges Hemd an, bis der Reiter vollständig ausgerüstet ist. Die Reiterin oder der Reiter kann mit Baumwolljeans und Stiefeln oder Schuhen beginnen, die die Knöchel schützen. Bis zur 4. Unterrichtsstunde sollte er vollständig ausgerüstet sein.

Einkaufsliste:

Dein Ausbilder wird dich bei diesen Einkäufen unterstützen, indem er dir Empfehlungen gibt und dir vorschlägt, wo du alle wichtigen Dinge für den Reitsport bestellen kannst.

1. Jodhpurs (Reithosen) mit Taschen und kurze Reitstiefel (Paddock Boots) für Reiter, die 10 Jahre alt oder jünger sind.
2. Reithosen mit Taschen, gepaart mit hohen schwarzen Reitstiefeln für 11-17-Jährige und alle Amateure. Entscheide dich immer für hohe Stiefel mit Reißverschlüssen und trage lange Socken.
3. Ein Poloshirt, entweder kurz- oder langärmlig.
4. Ein Paar schwarze Reithandschuhe.
5. Einen kurzen Schläger, Stock oder eine Gerte (10-12 cm), die du zur Hand haben kannst, wenn der/die Ausbilder/in den Einsatz erlaubt.
6. Ein richtig passender, vorschriftsmäßiger Reithelm mit einem sicheren Sicherheitsgurt.
7. Ein Gürtel, der immer getragen wird und für zusätzlichen Halt und Stil sorgt.
8. Bring an Unterrichtstagen immer Karotten mit (bitte keine Zuckerwürfel oder Äpfel).

# KAPITEL 6
# DAS ERLERNEN DES SITZTRABS
# UND DES POSTTRABS

Der junge Reiter lernt nun, im sitzenden Trab zu sitzen und sich mit einer Geschwindigkeit von 6-8 Meilen pro Stunde zu bewegen. Bei diesem Tempo sollen die Reiterinnen und Reiter ein natürliches Auf und Ab erleben, das einen Rhythmus und ein Gefühl für die Bewegung schafft, damit sie in ihrem Gleichgewicht bleiben - ihrem Zentrum der Balance. Der junge Reiter wird den Rhythmus spüren und einem einfachen Takt folgen: (1-2, 1-2, 1-2). Die Grundlagen ähneln denen, die beim Erlernen des Gehens und des Haltens angewendet werden.

Während du im Trab sitzt, fordert der Ausbilder den Reiter auf, "ho" zu sagen, mit beiden Händen zu gehen, den Brustkorb zu heben, in die Fersen zu treten und dann wieder "ho" zu sagen, um 5 Sekunden lang zum Stillstand zu kommen. Diese Übung wird 3-4 Mal wiederholt. Dann kehrt die Reiterin/der Reiter die Richtung um und reitet auf der rechten Bahn, wobei sie/er die gleiche Übung wiederholt, die sie/er auf der linken Bahn gemacht hat.

Wenn wir den Posttrab einführen und dem Reiter beibringen, wie man postiert, verwandelt er den Aufschwung in eine Vorwärts- und Rückwärtsbewegung, den sogenannten Beckenschub. Das Ziel ist, dass der Reiter sanft über den Sattel gleitet, während er von der Basis des Sattels zum Vorderzwiesel gleitet. Dabei werden nur die Sitzknochen beansprucht und die inneren Oberschenkel und das Becken trainiert, während die Knie nicht zum Aufsetzen benutzt werden. Manchmal verwenden Ausbilder Sätze wie "auf und ab, vor und zurück und 1-2-3-4", um den Reitern zu helfen, der Bewegung zu folgen.

Der Ausbilder lässt den Reiter still stehen und nähert sich ihm, indem er seine rechte Hand auf den unteren Rücken des Reiters und seine linke Hand auf das Knie des Reiters legt. Der Ausbilder öffnet sanft das Knie und stützt den unteren Rücken des Reiters und hilft ihm dabei, in den Sattel zu gleiten, sich vorwärts zu bewegen und sich in die Sattellage zu setzen.

Der aufsteigende Trab (Posting Trab) wird in einem etwas schnelleren Tempo von 8-10 Meilen pro Stunde geritten, was mehr Energie erzeugt und es dem Reiter leichter macht, eine kontinuierliche Bewegung durch seine Sitzknochen aufrechtzuerhalten. Wenn der Ausbilder neben dem Reiter steht, kann er ihm auch zeigen, wie die Posting-Bewegung aussieht, denn eine visuelle Demonstration kann oft mehr vermitteln als Worte. Er wird den Reiter daran erinnern, sein gesamtes Körpergewicht auf die Fersen zu verlagern. Wenn die Reiterin oder der Reiter beginnt, Entspannung im unteren Rücken, in den Sitzknochen und in den inneren Oberschenkeln zu spüren und das Gewicht auf natürliche Weise in die Beine und Fersen zu verlagern, entwickelt sich die Aufrichtung von selbst und ein natürlicher Rhythmus stellt sich ein.

Das Erlernen des aufsteigenden Trabs folgt demselben Prinzip wie das Erlernen eines Tanzschritts: Du musst verstehen, wie du deinen Körper zu einem gleichmäßigen Takt im Rhythmus von 1-2, 1-2, 1-2 bewegst.

In den nächsten drei Lektionen übt der Reiter alle Techniken, die ihm der Ausbilder beigebracht hat, und arbeitet daran, die richtige Bewegung des aufsteigenden Trabs (Posting Trab) zu perfektionieren. Die Lektion endet damit, dass der Reiter wieder in den Schritt wechselt und mit den Stimmkommandos "ho walk" und "ho" zum Halt kommt. Diese Übung wird an der Longe durchgeführt, so dass sich die Schüler/innen auf das Antraben, das Einsinken in die Fersen und die Kommunikation mit ihrem Pony konzentrieren können. Die Eltern werden gebeten, die Übung aufzuzeichnen und in ihrem Tagebuch zu notieren, um die Fortschritte des Reiters zu dokumentieren.

### *Hier ist die Grafik, die den Vergleich der kinetischen Geschwindigkeit für die beiden wesentlichen Trabtechniken zeigt:*

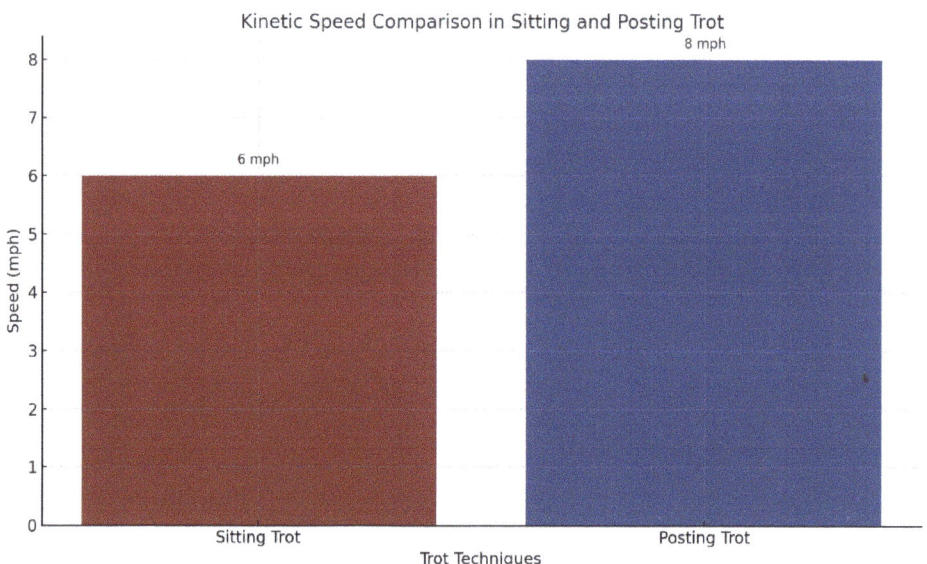

Sitzender Trab: Die Geschwindigkeit ist auf 6 mph eingestellt, wobei der Reiter mit dem vertikalen Sprung des Pferdes synchronisiert und das Gleichgewicht und die Verbindung aufrechterhält.

Posting Trot: Bei einer Geschwindigkeit von 8 mph macht der Reiter eine Vorwärtsbewegung und steigt im Rhythmus der Bewegung des Pferdes aus dem Sattel, wobei er sich auf das Gleichgewicht der Beine und Sitzknochen konzentriert.

Diese Grafik verdeutlicht die unterschiedlichen Geschwindigkeiten und die technische Entwicklung, die für die Beherrschung dieser Trabtechniken erforderlich ist.

# KAPITEL 7
# ALLEINE REITEN, AUF EIGENE FAUST

Dein Ausbilder ist mit dem jungen Reiter in der Manege, aber jetzt steht der Reiter vor seiner nächsten großen Prüfung, der Kommunikation mit seinem Pony. Zu diesem Zeitpunkt ist der junge Reiter bereits ein Dutzend Mal geritten. Er hat Vertrauen gefasst, die Beziehung zwischen Reiter und Pony ist sehr angenehm und der Reiter hat volles Vertrauen in seinen Ausbilder. Die Grundlagen sind gelegt, aber die Reiterin oder der Reiter darf nicht vergessen, dass sie oder er noch nicht bereit ist, allein zu reiten.

Zu Beginn führt der Ausbilder den Reiter im Schritt nach links, wobei er jeden Schritt laut mitzählt: 1-2-3-4, wobei jeder diagonale Schritt des Ponys etwa 8 bis 10 Fuß bei einem Pony mit einer Größe von 13 bis 14 Händen misst. Nach jeweils 10 bis 12 Schritten fordert der Reiter das Pony mit einem sanften "Ho" (niemals "Whoa") und einem leichten Zug an den Zügeln zum Anhalten auf. Dieses regelmäßige Anhalten alle 10 bis 12 Schritte ist eine große Leistung für den jungen Reiter, den Ausbilder und die Eltern.

Diese Lektion wird in den nächsten 2-3 Lektionen wiederholt, bis der junge Reiter oder die junge Reiterin bereit für mehr ist. Dann werden sie in den Sitztrab und den

39

Postentrab übergehen und die gesamte Reithalle nutzen. Die Reitanfänger werden sich über ihre Fortschritte freuen und Selbstvertrauen gewinnen, wenn der Ausbilder sie zum selbstständigen Reiten anleitet.

Inzwischen hat der Reitanfänger etwa 16 Unterrichtsstunden absolviert. Es wird empfohlen, dass die Schüler/innen mindestens zweimal pro Woche reiten, so dass sie in etwa 2 Monaten diesen Meilenstein von 16 Lektionen erreicht haben. Solange der Ausbilder einen konsequenten Unterrichtsansatz verfolgt, werden diese Ziele erreicht werden. Gelegentlich lassen sich Ausbilder/innen ablenken oder beschäftigen, was ihre Konzentration und letztlich auch die der Schüler/innen beeinträchtigt. Eine Lehrkraft, die sich nicht konzentrieren kann, ist keine Bereicherung. Der Ausbilder muss immer zu 100 % auf den Reiter und das Pferd oder Pony konzentriert sein.

Deshalb habe ich dieses Buch für Anfänger geschrieben, das sich sowohl an Ausbilder als auch an Eltern richtet.

In den folgenden Lektionen der nächsten 3-4 Wochen (wenn möglich zweimal pro Woche) reitet der junge Reiter oder der erwachsene Anfänger auf einem kleineren Platz oder der Hälfte eines größeren Platzes. In einer 100x200 großen Halle könnten sie zum Beispiel in einer Hälfte reiten oder in einem Round Pen, der mindestens 60x90 Fuß groß ist. Auf diesem kleineren Platz kann sich der Reiter frei und sicher fühlen und Vertrauen aufbauen.

In der ersten eigenen Unterrichtsstunde wird der Ausbilder alles aus den Kapiteln 1 bis 7 wiederholen. Der Fahrer ist vielleicht aufgeregt und ein bisschen nervös, wenn er zeigen soll, was er gelernt hat. Er wird sich beruhigt fühlen, weil er weiß, dass der Ausbilder für ihn da ist - verbal, körperlich und geistig. Diese ersten Einzelstunden sind wichtig, um das Selbstvertrauen des Reiters zu stärken.

Die nächsten 3 bis 4 Wochen sind für den Reitanfänger entscheidend, um durch konsequentes Üben in jeder Unterrichtsstunde volles Vertrauen zu entwickeln. Es ist die Aufgabe des Ausbilders, diese Stunden sorgfältig zu koordinieren und einen klaren und konsistenten Unterrichtsplan zu erstellen, damit alle Fähigkeiten verstärkt werden.

Vor jeder der nächsten Lektionen, nachdem der Reiter aufgestiegen ist, nehmen sich Ausbilder und Reiter einen Moment Zeit, um den Plan für den Tag zu besprechen. Der Ausbilder sollte klar und deutlich erklären, was sie in einfachen, schrittweisen Anweisungen besprechen werden. Die Aufteilung der einzelnen Übungsteile hilft dem Reiter, sich jeweils auf einen Aspekt zu konzentrieren.

Der Ausbilder könnte z. B. sagen: "Gehe, dann halte mit dem Stimmkommando 'ho' an", so wie es anfangs gelehrt wurde. Dann wird jede Übung aus den ersten 16 Lektionen wiederholt, um die wachsenden Fähigkeiten des Reiters und seinen Komfort im Sattel zu stärken.

Coach Michael hat im Laufe seiner Karriere über 5000 Schüler im Alter von 6 bis 75 Jahren trainiert. Alte

# KAPITEL 8
# ÜBERPRÜFE ALLES, WAS DU BISHER GELERNT HAST

1. Gehe mit dem Ausbilder in die Box und lerne, wie du dem Pferd das Halfter und den Führstrick anlegst und wie du die Decke oder die Decke des Pferdes entfernst.
2. Bringe das Pferd zum Waschplatz oder zum Putzplatz. Führe das Pferd mit dem Ausbilder hinein, drehe das Pferd oder Pony um und befestige die Halfter an den Ringen des Halfters.
3. Der Ausbilder zeigt, wie man das Pferd striegelt. Nachdem du die einzelnen Schritte gesehen hast, benutzt du die gleichen Werkzeuge, um selbst zu üben.

4. Aufsatteln des Ponys oder Pferdes: Ziehe zuerst die Stiefel des Ponys oder Pferdes an, dann die Schabracke und schließlich den Sattel. Befestige den Sattelgurt auf der Außenseite (rechte Seite), indem du ihn durch die Knüppelriemen mit 2-3 Löchern nach unten befestigst. Als Nächstes gehst du zur Montageseite (linke Seite) und befestigst den Sattelgurt durch weitere 2-3 Löcher an den Knüppelriemen. Nachdem du den Sattel befestigt hast, nimmst du das Trensenzaumzeug, öffnest das Halfter und schnallst es um den Hals des Ponys oder Pferdes. Wenn der Kopf des Pferdes frei ist, kannst du das Zaumzeug aufsetzen und alle Gurte befestigen.

- o Wenn das Pony oder Pferd ein stehendes Martingal benutzt (niemals ein laufendes Martingal), wird dies in einem anderen Kapitel erklärt. Das Martingal wird über den Kopf und bis zur Brust geführt, wobei der untere Gurt am Sattelgurt befestigt wird. Der Ausbilder wird dich durch jeden Schritt führen.
- o Um den Sattelgurt einzustellen, öffnest du die Schnalle auf der Reiterseite, hebst das Sattelblatt an der Stelle an, an der der Sattelgurt befestigt war, und schiebst die Schlaufe durch den Sattelgurt, um ihn unter der Mitte des Pferdekörpers zu zentrieren. Dein Ausbilder wird dir helfen, das Pferd komplett aufzusatteln und sicherzustellen, dass alles sicher ist.
- o Wenn dein Pferd vollständig gesattelt ist, nimmst du die letzten Einstellungen vor. Ziehe den Sattelgurt auf der Außenseite mit dem ersten und

dritten Gurtband um ein oder zwei weitere Löcher an. Jetzt sind du und dein Ausbilder bereit, dein Pferd zum Aufsitzen in die Manege zu führen.

5. Gehe mit deinem Ausbilder an der linken Seite des Pferdes in die Halle. Dann gehst du zum Aufsattelplatz und schaust zu, wie der Ausbilder den Sattelgurt ein letztes Mal festzieht, um sicherzustellen, dass er sicher sitzt. Jetzt bist du bereit zum Aufsitzen.

6. Befolge die folgenden Schritte und wiederhole, was du in den ersten 12-16 Lektionen gelernt hast. Dieser Fortschritt hängt davon ab, wie dein Ausbilder deine Bereitschaft zum Weitermachen einschätzt, was auch schon früher als in den 16 Lektionen geschehen kann.

---

Schritte zur Überprüfung:

1. Steig auf dein Pferd.
2. Steig von deinem Pferd ab.
3. Übe die drei Sitzpositionen (1-, 2- und 3-Punkt-Position). Denke daran, dass die 2-Punkt-Position jetzt als "Halbsitz" bezeichnet wird.
4. Gehe mit deinem Pferd spazieren und halte es an, indem du das Stimmkommando "ho" und nicht "whoa" benutzt.
5. Schritt und sitzender Trab, dann halte das Pferd mit "ho" an.
6. Schritt und aufsteigender Trab (lernen, sich aufzustellen), dann tief im Sattel sitzen, Fersen runter und das Pferd anhalten.

7. Wende dein Pferd nach rechts und links, indem du deine Hand und das gegenüberliegende Bein benutzt.

8. Du drehst große Kreise (20 Meter) in beide Richtungen, beginnend mit dem Schritt, dann dem Sitztrab und schließlich dem Postentrab und beendest das Ganze mit einem Halt.

9. Entferne alle Ausrüstung in der Waschanlage und bade das Pferd gründlich - wasche das Gesicht, den Unterbauch und die Zwischenräume zwischen den Hinterbeinen mit einem Schwamm und entferne dann das überschüssige Wasser.

**10.** Gehe mit dem Pferd zurück in die Box und ziehe ihm seine Decke an. Belohne sie immer mit einer Karotte

# KAPITEL 9
# DEINE DIAGONALEN LERNEN

Viele Jahre lang wurde die Diagonale falsch gelehrt, und deshalb schauen viele Reiter auch heute noch nach unten, um ihre korrekte Diagonale zu überprüfen oder zu finden. Traditionell wurde den Reitern beigebracht, sich aufzustellen (mit Hilfe von Sitzknochen- und Beckenbewegungen) und in den Trab aufzusteigen, wenn sich das äußere Vorderbein des Pferdes, also dasjenige neben der Bande, nach vorne bewegt. Diese Methode hilft dem Reiter jedoch nicht, die Diagonalen richtig zu lernen. Wenn sich das äußere Vorderbein oder die Schulter des Pferdes zum Reiter zurückbewegt, sollte der Reiter stattdessen sofort in den Postentrab übergehen.

Dadurch wird der Rhythmus zwischen Pferd und Reiter synchronisiert.

In dieser Lektion konzentriert sich der Reiter - egal ob Kind oder Erwachsener - darauf, die richtige Diagonale sowohl im Schritt als auch im Sitztrab zu spüren und zu finden. Beim Rückwärtsrichten, um die entgegengesetzte Diagonale (Spur rechts) zu üben, konzentriert sich der Reiter auf das äußere linke Vorderbein oder die Schulter. Wenn es sich wieder auf ihn zubewegt, setzt er sich sofort auf die richtige Diagonale. Diese Methode hilft dem Reiter, die Diagonalen richtig zu lernen und zu spüren.

Eine hilfreiche Übung zum Erlernen der Diagonalen ist die Verwendung des Wortes "zurück" als verbales Signal. Jedes Mal, wenn der Reiter spürt, dass das äußere Vorderbein des Pferdes an der Bande zurückkommt, sagt er "zurück, zurück, zurück", während er sowohl im Schritt als auch im Sitztrab übt. Der Ausbilder leitet den Reiter an, auf das äußere Vorderbein oder die Schulter des Pferdes zu schauen, um sich zu vergewissern, und der Reiter bestätigt mit dem Ausbilder, wenn er es richtig gemacht hat. Fehler gehören zum Lernprozess dazu, und nach und nach wird der Reiter die Fähigkeit entwickeln, den richtigen Rhythmus in seinem Körper zu spüren - vor allem im unteren Rücken und im Sitz - und zu verstehen, wie sich das Pferd unter ihm bewegt.

Es ist wichtig, dass der Reiter versteht, dass das Pferd im Schritt, Sitztrab und Posttrab seine Beine diagonal bewegt: das rechte Vorderbein mit dem linken Hinterbein und das linke Vorderbein mit dem rechten Hinterbein. Die

Schüler/innen üben dies im Schritt in beide Richtungen des Rings mit dem Ziel, vier aufeinanderfolgende korrekte Diagonalen zu erreichen. Wenn sie das geschafft haben, wechseln sie wieder in den Sitztrab, dann in den Schritt und schließlich in den Halt - alles mit Hilfe von Stimmkommandos.

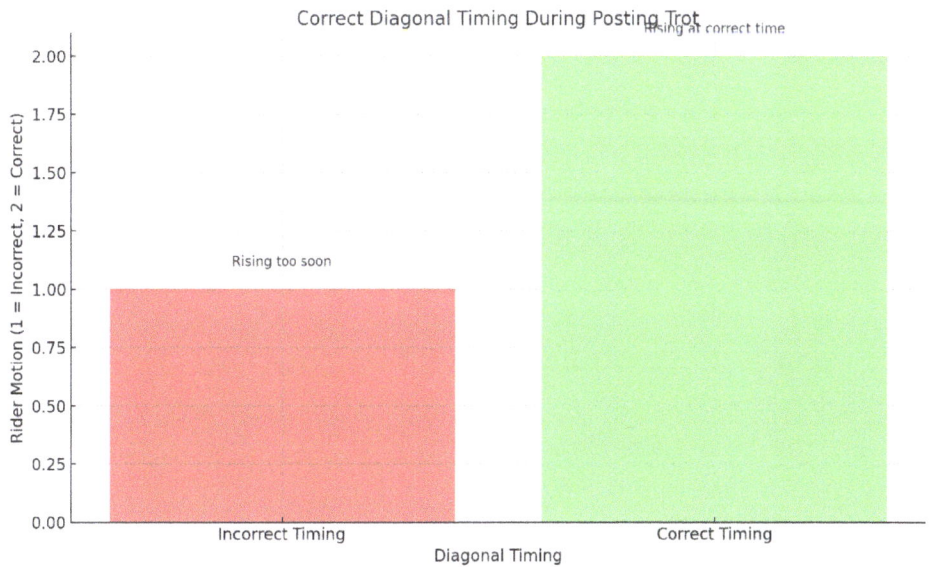

Vor jeder Lektion sollte der Reiter zu Fuß in die Manege gehen und eine Wasserflasche mitbringen, die er dem Ausbilder übergibt. So kann der Ausbilder die Reiterin oder den Reiter während der Übungen immer wieder anhalten lassen, damit sie oder er bei Bedarf eine Trinkpause einlegen kann. Es ist wichtig, bei jeder Unterrichtsstunde Wasser zur Verfügung zu haben, um Energie und Konzentration zu erhalten.

Wenn du aus dem Schritt auf die korrekte Diagonale im Posttrab steigst, solltest du das Pferd auffordern, vorwärts zu traben und dabei etwas mehr Gewicht auf dem äußeren

Sitzbein (neben der Bande) zu halten. So spürt der Reiter, dass das Bein und die Schulter des Pferdes zurückkommen, und kann sich selbstbewusst in den Trab begeben und ohne zu zögern auf der korrekten Diagonale landen.

Falsches Timing: Der Reiter steigt zu früh auf, normalerweise dann, wenn sich das äußere Vorderbein und die Schulter des Pferdes nach vorne bewegen, was zu einem Ungleichgewicht und einem Mangel an Synchronisation zwischen Reiter und Pferd führt.

Richtiges Timing: Der Reiter steigt zum richtigen Zeitpunkt auf, wenn sich das äußere Vorderbein und die Schulter des Pferdes nach hinten bewegen. So wird sichergestellt, dass Reiter und Pferd im Einklang sind, was zu einem ruhigeren, ausgeglicheneren Trab führt.

Diese visuelle Darstellung verdeutlicht, wann der Reiter mit dem Posting beginnen sollte, um den richtigen Rhythmus und die Ausrichtung auf die Bewegung des Pferdes beizubehalten.

# KAPITEL 10
# STANGEN UND CAVALETTIS

Wenn ich den Schülern die Grundlagen beibringe, beginne ich immer mit Übungen zum Gehen und Traben über einzelne Bodenstangen und Cavaletti. Cavaletti sind drei oder mehr Stangen, die für ein großes Pony oder ein mittelgroßes Pferd in einem Abstand von etwa einem Meter aufgestellt werden. Das Hauptziel dieser Übungen ist es, das Vertrauen der Schüler/innen in den Schritt, den Sitztrab und den Postentrab zu stärken, während sie sich noch im Schritt befinden. Auf diese Weise werden auch der Mut und das Vertrauen des Reiters in die Fähigkeiten seines Pferdes gestärkt.

Die erste Hälfte der Stunde konzentriert sich auf die flache Arbeit mit dem Ausbilder, bei der du dich im Schritt, Sitztrab und Posttrab in beide Richtungen durch die Arena bewegst. Bevor es an die Stangenarbeit geht, lässt der Ausbilder den Reiter die 1-, 2- und 3-Punkt-Position üben. Bei der 1-Punkt-Position stehst du in den Steigbügeln und hältst die Mähne des Pferdes mit der äußeren Hand bis zum Zählen von 10. Danach folgt die 2-Punkt-Position (auch Halbsitz genannt, mit einer veränderten Position, um ein Zusammensacken zu vermeiden) und dann die 3-Punkt-Position. Sobald der Reiter alle drei Positionen in beiden Richtungen beherrscht, macht er eine 5-minütige Pause, um sich zu entspannen, etwas zu trinken und das Pferd ebenfalls entspannen zu lassen.

51

Als Nächstes geht die Lektion in die Stangenarbeit über. In der Arena werden vier Stangen um den Ring herum aufgestellt: zwei Stangen an der langen Seite in der Mitte und eine an jeder kurzen Seite des Rings. Sobald der Reiter in der 3-Punkt-Position um die Arena gelaufen ist, lässt der Ausbilder ihn den Gang in der 1-Punkt- und der Halbsitz-Position wiederholen. In der Mitte der Arena stellst du drei Cavaletti auf, die je nach Größe des Ponys oder Pferdes etwa drei bis vier Meter voneinander entfernt sind.

Zum Abschluss der heutigen Lektion geht der Reiter in beide Richtungen über das Cavaletti. Sie gehen bis zum Ende des Rings, halten fünf Sekunden lang an, drehen das Pferd um und gehen zurück über das Cavaletti, wobei sie wieder fünf Sekunden lang anhalten. Diese Übung wird dreimal in beide Richtungen wiederholt.

"Und jetzt zu deiner nächsten Unterrichtsstunde."

Wenn die Schülerin oder der Schüler Vertrauen gefasst und alles verstanden hat, ist es an der Zeit, den Schritt und den Postentrab über die vier Außenstangen einzubauen. Der Ausbilder lässt die Schüler über die drei Cavaletti in beide Richtungen traben und fünf Sekunden lang in einer geraden Linie am Ende des Rings anhalten. Diese Stangen- und Cavaletti-Arbeit wird sowohl in der Dreipunkt- als auch in der Halbsitzposition geübt.

Die erste Hälfte dieser Stunde besteht aus einer Aufwärmübung mit dem Ausbilder auf der Ebene. Dazu gehören das Gehen in beide Richtungen, der Sitztrab und der

Posttrab, wobei auf korrekte Diagonalen geachtet und alle drei Reitpositionen geübt werden. Der Schritt und die beiden Trabarten werden mit Stimmkommandos angeleitet, wobei jeder Abschnitt mit einem fünfsekündigen Halt endet, um die Kontrolle und Kommunika

# KAPITEL 11
# ERLERNEN DES GALOPPS

(LEHREN SIE DIE GRUNDLAGEN DER POSITION UND
DES ABFLUGES DER FAHRER)

Zu Beginn stehen der Reiter und der Ausbilder nebeneinander in der Mitte des Rings. Der Ausbilder bespricht mit dem Reiter zunächst die 3-Punkt-Position und demonstriert dann, wie er sein äußeres Bein leicht hinter den Sattelgurt verlagern kann, während das innere Bein des Reiters am Sattelgurt bleibt. Der Ausbilder wechselt zu beiden Seiten des Pferdes, um die korrekte Beinstellung zu demonstrieren und dem Reiter zu zeigen, wie er beide Beine einsetzen kann.

Von den drei natürlichen Gangarten eines Pferdes (Schritt, Trab, Galopp) ist der Galopp die flüssigste - und in 90 % der Fälle auch die bequemste für den Reiter. Es kann oft hilfreich sein, wenn ein erfahrener Reiter einen Galoppsprung aus dem Schritt und dem Trab vorführt, da dieses visuelle Beispiel für die Beobachtung der Schüler von Vorteil ist. Der Galopp folgt einem 3-Takt-Rhythmus, der am besten als "1 und 2, 1 und 2" gezählt wird. Manche Ausbilder verwenden "1, 2, 3 und 1, 2, 3", aber das ist falsch und sollte vermieden werden. Reiten hat in vielerlei Hinsicht einen ähnlichen Rhythmus wie Musik und sollte sowohl gehört als auch gesehen werden.

Für ein erfolgreiches Galopptraining ist es wichtig, dass die Pferde im Reitschulprogramm gut geeignet sind. Ein geeignetes Reitschulpferd wird sanft in einen weichen, bergauf gerichteten Galopp übergehen, so dass sich der Reiter wohl fühlt und Vertrauen fassen kann, während er den erweiterten Schritt des Pferdes erlebt. Ich empfehle dringend, dass ein Kind oder ein erwachsener Reiter bei seinen ersten Galoppversuchen in die Mitte des Rings geführt und an eine Longierleine gesetzt wird. Die Leine sollte durch das Gebiss und über den Scheitel des Pferdes geführt und am gegenüberliegenden Gebissring befestigt werden, so dass der Ausbilder eine sanfte, aber effektive Kontrolle über Kopf und Hals des Pferdes hat.

Da der Reiter in den vorangegangenen Sitzungen an der Longe geübt hat, sollte er bereits sicher im Gehen, Anhalten und Traben sein und die richtigen Reitpositionen und Stimmkommandos verwenden. Sobald sich der Reiter auf einem 20-Meter-Kreis (ca. 67 Fuß im Umfang) wohl fühlt, lässt der Ausbilder ihn gehen und dann kurz anhalten, um etwas zu trinken und sich zu entspannen, bevor er die Sitzung mit Galoppübungen fortsetzt.

Um den Galopp einzuleiten, leitet der Ausbilder den Reiter an, zügig vorwärts zu gehen. Der Reiter sitzt aufrecht in der 3-Punkt-Position und setzt das äußere Bein leicht hinter den Sattelgurt, wobei die Zehen abgewinkelt sind und die Ferse nach unten zeigt, während das innere Bein am Sattelgurt bleibt. Mit der linken Hand dreht der Reiter den Kopf und den Hals des Pferdes sanft nach innen und hält dabei leichten Kontakt zum Maul des Pferdes. Der Reiter wird dann angewiesen, mit dem äußeren Bein einen sanften Druck oder einen weichen Tritt zu geben und kann ein "Gackern" oder ein "Kuss"-Geräusch hinzufügen, während er gleichzeitig mit dem inneren Bein am Sattelgurt drückt, um das Pferd in den Galopp zu treiben.

Während dieses Prozesses behält der Ausbilder über die Longe die vollständige Kontrolle über das Pferd, so dass sich der Reiter darauf konzentrieren kann, aufzusitzen und das Gleichgewicht zu halten. Der Reiter kann sich bei Bedarf an der Mähne des Pferdes festhalten oder sich am Sattelknauf festhalten, um sich zu sichern. Pferd und Reiter galoppieren gemeinsam 4-6 Schritte, bevor der Ausbilder den Reiter auffordert, "Ho" zu sagen (niemals "Whoa"), um mit einem leichten Zug am äußeren Zügel und einem sanften Gefühl am inneren Zügel die Rückkehr zum Schritt zu signalisieren. Das gut ausgebildete Pferd sollte dann sanft in den Schritt zurückkehren.

Diese Galoppübung wird während der Sitzung 3-4 Mal wiederholt. Mit jeder positiven Wiederholung fühlen sich Reiter und Pferd wohler und selbstbewusster und stärken ihre Bindung. Dieser Prozess baut eine positive Beziehung zwischen Pferd, Reiter und Ausbilder auf und schafft Vertrauen und gegenseitiges Vertrauen. Der Ausbilder und der Reiter zählen gemeinsam den Rhythmus der Bewegung des Pferdes als "1 und 2, 1 und 2". Lehren Sie den Rhythmus niemals als "1-2-3, 1-2-3", denn das ist falsch und kann das natürliche Gefühl des Reiters für den Galopp stören.

Das Vertrauen des Reiters in den Ausbilder ist gewachsen, und die Rolle des Ausbilders besteht weiterhin darin, den Reiter zu ermutigen und ihm zu zeigen, dass er in der Lage ist, seine Reitfähigkeiten zu verbessern

# KAPITEL 12
# IN DER NÄCHSTEN SITZUNG DES REITERS WERDEN NUN ALLE GRUNDLEGENDEN FLACHARBEITEN ZUSAMMENGEFÜHRT

Eine komplette Reitstunde beginnt mit der Nutzung der Hälfte des Rings, wobei der Reiter immer auf der linken Spur beginnt (die Innenhand des Reiters zeigt die Richtung an, in die er geht). In den nächsten 6-10 Lektionen konzentriert sich der Reitlehrer darauf, die grundlegenden Fähigkeiten des

Reiters durch gezielte Arbeit in der Ebene zu verbessern, indem er den Schritt, den Sitztrab, den Posttrab, den Galopp und sanfte Übergänge nach oben und unten übt.

Nach der harten Arbeit und den Fähigkeiten, die der Reiter entwickelt hat, ist es wichtig, dass sich der Ausbilder während dieser 6-10 Sitzungen auf die drei Schlüsselpositionen im Sattel konzentriert. Diese Wiederholungen und die Konzentration auf die Position festigen das Gleichgewicht, die Haltung und die allgemeine Kontrolle des Reiters und schaffen eine starke Grundlage für das zukünftige Reiten.

Die sorgfältige Aufmerksamkeit des Reitlehrers auf diese Bereiche während der flachen Trainingseinheiten wird dem Reiter helfen, Vertrauen zu gewinnen und jeden Übergang zu meistern, was ihn auf fortgeschrittenere Manöver mit einem vertieften Gefühl für Rhythmus und Kontrolle vorbereitet.

Lassen Sie uns zusammenfassen: Die 3-Punkt-Position ist eine natürliche Reitposition, bei der drei Körperteile des Reiters in Kontakt mit dem Pferd sind - Hände, Sitz und Beine. Die 2-Punkt-Position (jetzt als "Halbsitz"-Position gelehrt) wird oft missverstanden. Viele Ausbilder und Trainer lehren die 2-Punkt-Haltung, aber die Reiter neigen dazu, ihren Körper in den Hals des Pferdes zu werfen, und das ist einfach nur hässlich. Der Halbsitz ermöglicht es dem Pferd, über seine Zäune zu springen. Im Halbsitz hat der Reiter zwei Körperteile in Kontakt mit dem Pferd (seinen Sitz und sein Bein). Die Hände sind leicht nach vorne über den Kamm des Pferdes gestreckt. Dies ist die korrekte Position des Reiters! Der überaktive Körper des Reiters behindert die Leistung des Pferdes nicht. Dies hilft dem Reiter, im Brustkorb offen zu bleiben. Gleichzeitig ist der Hüftwinkel des Reiters geschlossen, während sich beide in der Luft befinden.

Die Ein-Punkt-Position ist die Übungsposition für anhaltendes Gleichgewicht, zur Stärkung des Reiterbeins und der Beugung, die bis in die Fersen des Reiters geht. Bei der Ein-Punkt-Position ist das Bein mit dem Pferd verbunden, während der Sitz und der Oberkörper des Reiters gerade aus dem Sattel ragen. Der Reiter wird diese 1-Punkt-/Ein-Punkt-Position schließlich im Schritt, Trab und Galopp einnehmen. Sie können jederzeit mit der Innenhand die Mähne des Pferdes greifen, um das Gleichgewicht zu halten.

In der Zukunft entwickelt sich der Reiter vom Anfänger zum Jungfernreiter, dann zum Anfänger, zum Fortgeschrittenen und schließlich zum Fortgeschrittenen. Während der Reiter sich weiter verbessert, nimmt er an

Trainingspferdeturnieren, Reitturnieren und regionalen Turnieren teil, bis er sich für die Teilnahme an einem Turnier qualifiziert hat

Während der nächsten 6-10 Sitzungen wird der Reitlehrer damit beginnen, 2-3-minütige Tests in der Ebene für den Reiter durchzuführen. Dies ist ein wesentlicher Bestandteil der geistigen Entwicklung eines jeden Reiters. (Wir würden mit diesen Tests auf der Ebene nicht beginnen, bevor ein Reiter acht Jahre alt ist). Junge Reiter, die noch nicht mindestens acht Jahre alt sind, fahren mit der Arbeit in der Ebene fort

Die Tests werden in den letzten 5-7 Minuten der Sitzung des Reiters durchgeführt. Hier sind einige Beispiele.

Test #1. Der Reiter wird aufgefordert, sich in der Mitte des Rings aufzustellen. Die Reiter finden heraus, dass dies in allen

Pferdesportarten immer die Mitte des Rings ist; diese Mitte des Rings wird als Buchstabe "X" bezeichnet.

Die Reiter werden angewiesen, in einer geraden Linie bis zum Ende des Rings zu traben und am Ende des Rings auf die linke Spur zu wechseln. Sie reiten weiter bis zum Ende des Rings und kommen am Ende des Rings auf der Mittellinie zurück. Dort nehmen sie die Spur nach rechts und bleiben dabei im Arbeitstrab, wobei sie angewiesen werden, ihre Diagonale bei Buchstabe-X zu ändern, wenn sie die Richtung wechseln. Dann wird dem Reiter gesagt, dass er die Mitte des Rings hinuntergehen soll, aber wenn er von der Bahn nach rechts abbiegt, soll er einen sitzenden Trab auf einer geraden Linie vorführen und dann zwei Schritte vor Buchstabe-X zum Schritt zurückkehren und bei Buchstabe-X anhalten. Ihr erster Test. Test-Zwei. Wiederum in den letzten 7-10 Minuten der Trainingseinheit machen sie ihren Test. (Dies sind nur Beispiele, denn der Trainer kann jeden Test machen, den er für angemessen hält).

Test #2: Der Reiter stellt sich beim Buchstaben X auf, zählt bis 5 (5 Sekunden) und geht dann in den Sitztrab über. Am Ende des Rings geht der Reiter nach rechts. Wenn der Reiter nach rechts abbiegt, fordert er das Pferd auf, in einen Arbeitstrab zu gehen und anzusteigen.

Der Reiter bleibt im Arbeitstrab um den Ring herum, bis er die Mitte der kurzen Seite des Rings erreicht, wo er zuvor nach rechts abgebogen war. Diesmal geht der Reiter im Arbeitstrab die Mittellinie hinunter, ganz gerade, und kehrt bei Letter-X in den Sitztrab über die Gymnastikstangen und

Cavaletti zurück. Am Ende des Rings wendet sich der Reiter nach links (Bahn links) und geht sofort in den Arbeitstrab über. Er steigt auf und reitet die lange Seite des Rings auf der korrekten Diagonale hinunter. Der Ausbilder erinnert den Reiter daran, dass er, wenn er den Buchstaben "X" überquert hat, sich umdreht und vom Sitztrab in den aufsteigenden Trab auf der korrekten Diagonale übergeht und weiterreitet, Er nähert sich der kurzen Seite der Arena und wendet sich nach links. Bei Buchstabe X schaut er die Mittellinie hinauf und kehrt in den Sitztrab zurück. Zwei Schritte vor Buchstabe X gibt der Reiter erneut ein Stimmkommando und sagt "HO". Gehen Sie und bei "X" sagt der Reiter "HO". Der Ausbilder wird nach den 6-10 Trainingseinheiten, die er gerade absolviert hat, viele solcher Tests durchführen. Wenn der Ausbilder das Gefühl hat, dass der Reiter bereit ist, wird der Galopp in die Vorstellung aufgenommen, wenn die Tests bequem werden.

# KAPITEL 13
# FLATWORK

Die Gymnastik, d.h. Bodenstangen und Cavaletti, umfasst die vorbereitende flache Arbeit im Schritt, Trab und Galopp. Der Reiter kombiniert dann die flachen und gymnastischen Phasen als eine vollständige Übung. Die Areana wäre 100x200 auf jeder langen Seite eine Linie von 58 Fuß Länge mit einer Bodenstange und dem Anfang und dem Ende der 58 Fuß, über die das Pferd/Reiter reiten würde.

Die andere Seite des Rings ist 45 Fuß lang, mit einer Stange am Anfang und Ende, über die der Reiter traben würde, um beides in der Zeichnung zu demonstrieren.

Hinweis: Der Wechsel der Diagonale sollte immer beim Buchstaben "X" erfolgen, außer bei Richtungswechseln durch eine halbe Drehung oder eine halbe Drehung im Rückwärtsgang. Wenn der Reiter von einer der vier Ecken durch die Mitte des Rings fährt - ebenfalls mit "X" bezeichnet - sollte er seine Diagonale konsequent bei "X" wechseln.

Der lautstarke Einsatz von "ho" zum Anhalten für 5 Sekunden ist SEHR wichtig. Wenn es weniger als 3 Sekunden sind, sollte sich der Reiter von seiner korrekten Position des Stillstands entfernen. Es ist am besten, den Halt in einen 5-

Sekunden-Halt zu ändern, und unsere Reiter nehmen ihre 4-Sekunden-Steadfast bei den Halts. Laut unserem User Rule Book hält für 4 Sekunden an. Dies muss jedoch geändert werden. Viele Ausbilder und Trainer betonen nicht, wie wichtig ein vollständiger Halt ist. Unter der 4-Sekunden-Regel erreichen viele Reiter vielleicht 3 Sekunden und ziehen ab.

Coach Michael war Olympia-Trainer von 2003 bis 2024

Durch den Wechsel zu einem 5-Sekunden-Stopp mit Disziplin lernen junge Reiter, Junioren und Amateure, mindestens 5 Sekunden lang STILL zu stehen. Wenn Pferd und Reiter den Platz verlassen, sollten sie dies in einer geraden Linie tun, um ihre Prüfung fortzusetzen oder die Arena zu verlassen. Vermeiden Sie es immer, den Turnierplatz in einer schlampigen Art und Weise zu verlassen, denn dies zeugt von Respekt gegenüber dem Richter, den anderen Reitern und den Zuschauern.

Wenn der Turnierreiter den Ring im Schritt verlässt und seine Runde beendet hat, kann er absteigen, sobald er die Turnierarena verlassen hat, und sich bei "X" auf eine Seite der Mittellinie begeben. Sie sollten dann in ihrer 3-Punkt-Position mit den Fersen nach unten die Mittellinie entlang gehen, da der Reiter noch immer bewertet wird. Gelegentlich beobachtet der Richter kurz, um zu sehen, ob der Reiter ernsthaft an Wettkämpfen teilnimmt und konsequent ein starkes Beispiel mit einer korrekten 3-Punkt-Position und einem geraden Rücken zeigt.

### Hier ist die aktualisierte Visualisierung, die den 100x200 Fuß großen Ring mit zwei Sets von Bodenpfählen an den Längsseiten zeigt:

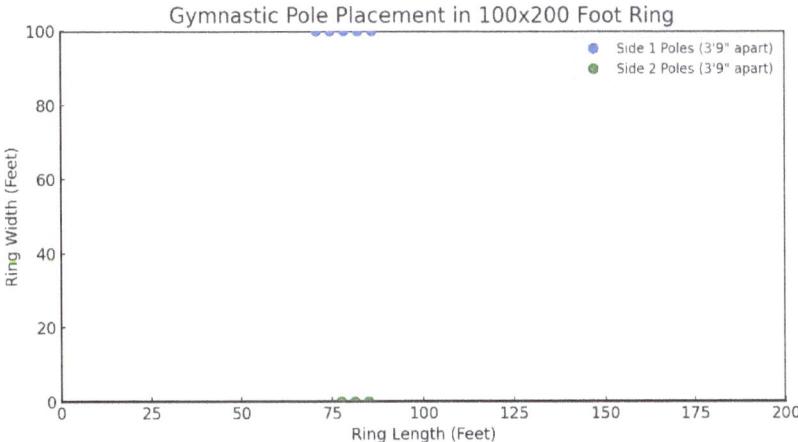

Obere Seite (Seite 1): 5 Masten im Abstand von 3'9", zentriert in einem 58-Fuß-Abschnitt auf einer Länge von 200 Fuß.

Untere Seite (Seite 2): 3 Masten im Abstand von 3'9", zentriert innerhalb eines 45-Fuß-Abschnitts.

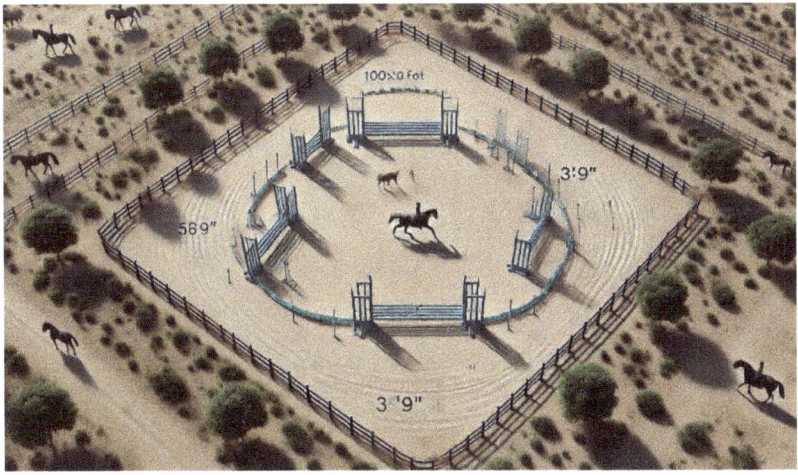

# KAPITEL 14
# VERTRAUEN UND KONTROLLE
# MEISTERN

Gehen Sie vorwärts, und wenn Sie sich der Ecke des Rings nahe der langen Seite nähern, machen Sie eine halbe Drehung (weite Drehung).

Definition: Bei einer halben Drehung drehen Sie sich halbkreisförmig in Richtung Ringmitte. Schauen Sie nach vorne und verfolgen Sie im Schritt eine diagonale Linie zurück zur Bande. Fahren Sie dann auf der rechten Spur fort und bleiben Sie dabei entlang der Bande (der äußeren Begrenzung der Arena).

Nehmen Sie den Arbeitstrab auf und steigen Sie auf der richtigen Diagonale auf. Traben Sie vorwärts, bis Sie die Mitte der gegenüberliegenden kurzen Seite erreichen, und kommen Sie dann mit einer Kombination aus Stimme, Hand, Sitz und Bein ("HO-WALK") in den Schritt zurück. Gehen Sie vorwärts und fordern Sie Ihr Pferd dann auf, aus dem Sitz und dem Bein heraus anzugaloppieren, wobei Ihr linkes Bein leicht hinter den Sattelgurt verlagert wird. Fügen Sie bei Bedarf ein Gackern hinzu, um die Aufmerksamkeit Ihres Pferdes zu gewinnen, und legen Sie einen gleichmäßigen Galopprhythmus fest: 1 & 2, 1 & 2, 1 & 2.

Wenn Sie sich der gegenüberliegenden kurzen Seite nähern, fordern Sie Ihr Pferd mit den Kommandos "HO-WALK" und "HO" auf, in den Schritt zurückzukehren und dann anzuhalten. Halten Sie 5 Sekunden lang an, klopfen Sie Ihrem Pferd auf den Hals und gehen Sie dann zurück, um sich mit den anderen Pferden aufzustellen. Der Ausbilder ruft dann den nächsten Reiter auf, denselben Flat-Test durchzuführen, bis alle Pferde an der Reihe sind.

COACH MICHAEL

Nachdem das letzte Pferd und der letzte Reiter fertig sind, stellt der Ausbilder den vier Reitern Fragen zu jeder ihrer Prüfungen auf der Ebene. Jeder Teilnehmer wird ermutigt, sich zu äußern und seine Gedanken zu seinem Ritt mitzuteilen. Der Ausbilder wird die Reiter auch bitten, konstruktives Feedback zu einer anderen Pferd-Reiter-Kombination zu geben.

Es ist wichtig, dass alle Reiter, unabhängig vom Alter, diese Tests absolvieren. Auch wenn der Ausbilder die Tests für jüngere Reiter abändern kann, wird ein ausgezeichneter Ausbilder sie ermutigen, den ursprünglichen Test zu absolvieren, wenn dies möglich ist. Diese Ermutigung, zusammen mit dem unterstützenden Satz "Ich kann alles, ich kann, ich kann", flößt jungen Reitern Selbstvertrauen ein und bestärkt sie in dem Glauben, dass sie anspruchsvolle Aufgaben bewältigen können. Auf diese Weise wird das Selbstvertrauen eines jungen Reiters stetig gestärkt.

#3: "The Final Work-Off" (Test) für alle Reiter, individuell durchgeführt. Bei der Gymnastizierung führt jede Reiter-Pferd-Kombination eine vom Ausbilder zugewiesene Prüfung durch. Der Ausbilder gibt sowohl mündliche Anweisungen als auch Illustrationen für die Abschlussprüfung.

Reiter #1: Ausgehend von der Mitte des Rings stellen sich alle Reiter wieder nebeneinander auf, mit einem Abstand von etwa 4 Fuß. Reiter #1 und sein Pferd beginnen sofort mit einem Arbeitstrab, wobei sie aufsteigen und nach links abbiegen. Wenn der Reiter sich der kurzen Seite des Rings nähert, bereitet er sowohl sein Pferd als auch sich selbst auf einen zügigen Trab über vier Cavaletti an der langen Seite vor. Nach dem letzten Cavaletti, innerhalb von 16 Fuß, fordert der Reiter sein Pferd auf, für 5 Sekunden anzuhalten.

Nach dem Halt gibt der Reiter dem Pferd das Zeichen, auf der linken Seite an der langen Seite anzugaloppieren, durch die kurze Seite zu gehen und in der 3-Punkt-Position weiterzureiten. Auf der gegenüberliegenden langen Seite werden zwei Gymnastikstangen im Abstand von 33 Fuß auf den Boden gelegt. Bei der Annäherung an die Stangen geht der Reiter in eine halbsitzende Position über und lässt die Zügel entlang des Pferdekamms leicht los, wobei die Ellbogen weich sind und die Knöchel auf beiden Seiten des Kamms (der Mähne) ruhen. Der Reiter konzentriert sich darauf, seine Fersen nach unten zu drücken, wobei er darauf achtet, nicht mit den Knien gegen den Sattel zu drücken oder zu kneifen. Das Gewicht sollte fest auf die Fersen der Stiefel des Reiters gelenkt werden.

Im Halbsitz galoppiert der Reiter zwei Schritte zwischen den Stangen, wobei er stets das Gleichgewicht und die Kontrolle behält.

(Hinweis: In früheren Jahren wurde die Springposition als 2-Punkt-Position bezeichnet, aber jetzt wird sie als Halbsitz bezeichnet). Diese Position verhindert, dass der Reiter auf die Schulter und den Hals des Pferdes kollabiert. Der Reiter hebt seinen Brustkorb an, tritt in die Fersen und lässt das Pferd zu sich hochspringen. Diese Position ermöglicht es dem Pferd, sich auf die Keulen zu stellen und durch die Schultern hochzukommen, was einen elastischen, freien Sprung ermöglicht. Nach der zweiten Gymnastikstange kehrt der Reiter in die 3-Punkt-Reitposition zurück. Entspannt und gelassen fordert der Reiter das Pferd verbal und physisch auf, 5 Sekunden lang anzuhalten ("HO-WALK", "HO").

(Dieser letzte Test wird von allen 3-4 Reitern durchgeführt). Danach werden alle Reiter die Leistung der anderen bewerten. Der Ausbilder beendet die Sitzung, bespricht die Lektionen des Tages mit den Reitern und lädt sie ein, Fragen zu ihrem Reiten zu stellen. Denken Sie daran, dass es unerlässlich ist, für jede Lektion und zukünftige Wettbewerbe ein Tagebuch zu führen - immer ein Muss für "Making A Good Rider BETTER".

# KAPITEL 15
# ERLERNEN DES SPRINGENS VON QUERFELDEINKURSEN

#1. "Zweimal um die Außenseite"

Ein einfacher, aber wichtiger Vertrauensaufbau ist es, Vertrauen zwischen dem Reiter und seinem Pferd aufzubauen. Bei dieser Übung lässt der Ausbilder den Reiter über einen Außenparcours springen, bei dem die Querstangen in der Mitte auf eine Höhe von 12 Zoll eingestellt sind. Der Reiter verlässt die Mittellinie und reitet im Trab nach links. An der Außenseite sind vier Querstangen aufgestellt, zwei an jeder Längsseite der Arena.

Die Abstände zwischen den vier Stangen sind wie folgt: Zwischen den ersten beiden Querstangen sollte genug Platz für entweder fünf Trabschritte oder vier Galoppschritte sein. Dieser Abstand sollte sich sowohl für das Pferd als auch für den Reiter einladend anfühlen. Für diese Übung ist ein Abstand von 58 Fuß zwischen den beiden Hindernissen ideal, um einen reibungslosen, vertrauensbildenden Ritt zu ermöglichen.

Der Reiter, der die Strecke von der Landungsseite des ersten Geländers aus geht, macht einen normalen Schritt, der bei einem Gehschritt etwa vier Fuß lang ist. Gehen Sie weiter zum zweiten Hindernis und zählen Sie dabei, wie viele Schritte Sie machen. (Gehen Sie die Entfernungen zwischen den

Hindernissen ab, bevor Sie auf Ihr Pferd steigen; dies alles wird im letzten Kapitel besprochen.) Zählen Sie zunächst Ihre Schritte zwischen den Hindernissen entlang der Linie. Der Reiter wird 14-15 Schritte zwischen den beiden Sprüngen gehen; derzeit sind die beiden Sprünge 58 Fuß voneinander entfernt. Begrüßen Sie die Reiter zu ihrem Einführungskurs auf ihrem aktuellen Niveau.

Jeder Reiter muss von seinem Ausbilder lernen, wie man ein gleichmäßiges Tempo beim Anreiten auf jeden Sprung beibehält. Landen Sie nach dem ersten Sprung und halten Sie dabei einen gleichmäßigen Rhythmus und Takt ein: (1-2, 1-2, 1-2, usw.). Der Reiter kann landen und das Kommando "HO-TROT" geben, indem er die rechte Außenhand bis zum Ellbogen führt und die Fersen nach unten drückt, damit das Pferd sanft zum zweiten Sprung gehen kann. Auch wenn das Pferd im Galopp landet, kann der Reiter ruhig "HO" sagen, in einer geraden Linie vorwärts reiten, nach oben schauen (das ist sehr vertrauenserweckend) und erneut "HO-TROT" sagen. Beenden Sie den Parcours, indem Sie im Trab einen 20-Meter-Kreis (mit einem Durchmesser von 67 Fuß) abreiten, schließen Sie den Kreis ab, sagen Sie das Kommando "HO-WALK" und gehen Sie zurück zur Aufstellung, um sich den anderen Reitern anzuschließen. Der Reiter wird sich freuen und entspannt sein, wenn er merkt, dass er gerade seinen ersten Parcours gesprungen ist.

Die anderen Fahrer fahren dann einzeln weiter, um ihren Kurs zu absolvieren. Nun werden wir den gleichen Parcours von der Startaufstellung aus absolvieren. Wenn Sie sich auf der Zaunlinie befinden, gehen Pferd und Reiter nach rechts. Der Reiter fordert das Pferd auf, in einen Arbeitstrab zu gehen (der Reiter steigt auf der richtigen Diagonale in den Arbeitstrab). Traben Sie durch die kurze Seite des Rings und schauen Sie die Linie hinunter zu Ihren ersten beiden Sprüngen (Cross Rails). Der Reiter reitet mit demselben Engagement, derselben Überzeugung und demselben Vertrauen. Denken Sie daran, dass es immer einen Anfang, eine Mitte und ein Ende gibt.

Das Selbstvertrauen der Fahrer sollte gestiegen sein, und der Lehrer sollte darauf aufbauen.

Das Selbstvertrauen der Reiter sollte spürbar zugenommen haben, angeleitet von einem Ausbilder, der die Qualitäten eines "sehr professionellen, freundlichen, nachsichtigen und gebildeten Trainers" verkörpert. Ein Anfängertrainer spielt eine wichtige Rolle bei der geistigen und körperlichen Formung junger Reiter und kümmert sich aufrichtig um jeden Schüler unter seiner Anleitung.

Wenn das Reitsportzentrum keine "TOP"-Ausbilder und - Trainer anbietet - also solche, die nicht nur wissen, wie man richtig reitet, sondern auch als Team zusammenarbeiten -, dann ist es vielleicht an der Zeit, eine andere Einrichtung zu suchen.

In meinen 55 Jahren als Profi sind zu oft junge und ältere Reiter in unsere Reitsportzentren gekommen, die ehrlich gesagt nicht wissen, wie man reitet. Schlicht und einfach: "SLOPPY".

Genießen Sie Ihre Ponys und Pferde, auch wenn Sie "noch" keins besitzen. Sie gehören Ihnen, solange Sie mit ihnen zusammen sind, und sie alle wissen, wenn Sie ein

77

freundlicher, einfühlsamer und kluger Nachwuchsreiter sind, der von Grund auf für Sie und Ihr Pferd da ist.

Trainer Michael

*Mein nächstes Buch wird sein: "Pferdeshowing vom kurzen Steigbügel bis zum Gran Prix Feld oder Stadion" (Juni 2025)*

# Über den Autor

Michael D. Cintas ist seit über fünf Jahrzehnten ein geschätzter Trainer und Reitsportler. Trainer Michael Cintas hat 5 internationale Reitsportzentren besessen oder aufgebaut, in dieser Reihenfolge:

- 1966 'GREEN VALLEY ACRESs, BONITA, CA. (SAN DIEGO COUNTY)
- 1972 RANCHO CINTAS, RANCHO SANTA FE, CA.
- 1982 EQUESTRIAN CENTERS INTERNATIONL, RANCHO MIRAGE, CA.
- 1986 EQUESTRIAN CENTERS INTERNATIONAL SOUTH, DEL MAR, CA.
- 1990 EQUESTRIAN CENTERS INTERNATIONAL, CULPEPPER, VA.

Seine Karriere erstreckt sich über die gesamten USA und international, wo er olympische Reiter trainiert und Tausende von Schülern unterrichtet hat. Sein Fachwissen in den Bereichen Reiten und Horsemanship hat Generationen von Reitern geprägt, und er unterrichtet weiterhin in seinen beliebten Clinics auf der ganzen Welt.

# "A STORY FROM THE HEART"

## EQUESTRIAN CENTERS INTERNATIONAL

ALMOST 20 YEARS AGO I CAME TO PALM SPRINGS (THE DESERT). HITCH HIKING! YES, THIS IS A VERY TRUE STORY. ALL OF MY LIFE I WAS VERY BLESSED TO HAVE A SILVER SPOON UP-BRINGING. (OR MAYBE NOT!) WHEN I HAD REACHED BY THIRTIES I THOUGHT I HAD EVERYTHING ANY MAN COULD WANT. I HAD A BEAUTIFUL HOME IN RANCHO SANTA FE, I HAD MY HORSES, I HAD MONEY. I WAS VICE PRESIDENT OF CINTAS DEVELOPMENT AND PLENTY OF FRIENDS TO PARTY WITH.

WHAT I DID NOT HAVE WAS SELF RESPECT. I HAD NOT TAKEN THE TIME TO EVALUATE MY LIFE AND SET A STRAIGHT AND NARROW PATH FOR MY FUTURE. THE WORST WAS THAT I WAS BURNING THE CANDLE AT BOTH ENDS. AND NOT TAKING OTHER PEOPLES
FEELINGS TO HEART.

SO, ONE DAY I WENT TO MY OFFICE AND I FIND OUT THAT I HAVE NO JOB, NO FAMILY, NO HOUSE, NO CAR. AND TWO HUNDRED DOLLARS TO MY NAME. YES! AT THAT MOMENT MY WORLD HAD FALLEN APART. MY FATHER AND THE BOARD TOTALLY EXILED ME.

BY THIS TIME I HAD ALREADY HAD MY LEG ACCIDENT, AND 36 SURGERIES TRYING SAVE MY LEG. AND STILL I HAD NO IDEA HOW LONG I WOULD BE ABLE TO KEEP IT.

I PICKED MYSELF UP, A SUITCASE IN HAND, TWO HUNDRED DOLLARS IN MY POCKET, AND I HITCHHIKED TO PALM SPRINGS. I THOUGHT THE BEST THING TO DO WAS TO GET AS FAR AWAY AS I COULD. AND START A NEW LIFE.

WHEN I ARRIVED IN THE DESERT, I RENTED AN EFFICIENCY APARTMENT BY THE WEEK.

MY MOTHER WHO HAD SIDED WITH ME, BOUGHT ME AN ORANGE(YES, ORANGE) GOLF CART TO GO BACK AND FOR THE TO THE MARKET. THIS WAS A BIG HELP BECAUSE I WAS SUFFERING FROM THE DISEASE "OSTEOMYELITIS" AND THERE WERE TIMES THAT I COULD NOT EVEN WALK WITHOUT THE ASSISTANCE OF CRUTCHES OR A WHEELCHAIR.

I ADVERTISED IN THE DESERT SUN (LOCAL RAG) "FREE LANCE EQUESTRIAN INSTRUCTOR AVAILABLE" TEACHING HUNTERS. JUMPERS. HUNT SEAT EQUITATION! THE NUMBER I LEFT WAS A FRIENDS TELEPHONE MESSAGE MACHINE!

BY THIS TIME I HAD BEEN A PROFESSIONAL FOR 12 YEARS, I HAD A VERY WELL RESPECTED NAME IN SAN DIEGO AND I HAD MY AHSA JUDGES CARD. WITHIN TWO DAYS I RECEIVED PHONE CALLS FROM LOCAL EQUESTRIANS THAT WERE SEEKING INSTRUCTION. A MONTH LATER I HAD A STUDENT BODY OF 10 RIDERS. I NEEDED TO BUY A VEHICLE TO GET FROM ONE END OF THE COACHELLA VALLEY TO THE OTHER. BUT I DID NOT HAVE THE CASH TO DO SO! MY FRIENDS HAD GOTTEN A LITTLE TIRED OF DRIVING ME AROUND, AND AFTER ALL THE GOLF CART COULD NOT GO DOWN THE FREEWAY.

I MET A WONDERFUL OLDER LADY WHO HAD ADVERTISED HER 1968 GOLD CADILLAC FOR SALE. HER HUSBAND HAD JUST PASSED AWAY. I MET WITH MRS. COHEN AT HER TRAILER PARK SHE LIVED AND I EXPLAINED TO HER THAT I HAD NO MONEY, BUT THAT I COULD GIVE HER A DOWNPAYMENT AND PAY FOR THE VEHICLE OVER THE NEXT YEAR. SHE WANTED TWO THOUSAND DOLLARS FOR IT. I GAVE HER TWO HUNDRED DOLLARS DOWN AND TOLD HER I WOULD PAY HER TWO HUNDRED DOLLARS EVERY MONTH FOR THE NEXT NINE MONTHS.

NOW I HAD TRANSPORTATION. AND BECAUSE OF THIS WONDERFUL WOMAN BELIEVING IN ME, IN TWO MONTHS I HAD 20 STUDENTS AND I WAS HEAD TRAINER AT PATTI AIKENS PLACE IN BERMUDA DUNES. MRS. COHEN SOON PASSED AWAY, AND THIS WONDERFUL INDIVIDUAL LEFT ME THE GOLD CADILLAC IN HER WILL FREE AND CLEAR.

SOON AFTERWARD, VANDENBURG STABLES WAS LOOKING FOR A RESIDENT TRAINER, I MET WITH MR. BOB VANDENBURG AND TOOK OVER HAS THEIR HEAD HUNTER JUMPER TRAINER. THIS WAS IN 1982. THAT IS WHEN I MET MANY OF MY STUDENTS THAT I STILL INSTRUCT TODAY. THERE IS WHEN MELANIE CALENDER STARTED TO RIDE WITH ME.

# "The Beginning, The Middle & The End"

## EQUESTRIAN CENTERS INTERNATIONAL

My Life has always been blessed, even at times when things looked bleak, right over the Mountain was The Glowing Sun and you could see forever! Some of my biggest blunders in life were my most wonderful awakenings. Hit by a neighbor's car, because I was running across the street to Mrs. George's House to get candy, I learned it was ok to run, but first look and see where you are going! I was 9 years old.

When I was 21 years old, on Our Fathers "APOLLO" maiden voyage, I was Selfish and Self-Centered and thought I was the best and took everything for granted I Had that disease 'ARROGANCE' & SELF-RIGHTGEOUS When we were 20 miles outside the Port of Salinas, Ecuador, I stepped into a towline, and there I went upside down through the porthole into the Pacific Ocean Until the tow line became taunt and ripped my left lower leg off except for the main artery. I found myself and that I was just another spoiled punk and nothing special.

That was the day that my life went before me, and I should have been dead. It was a good lesson for me to go through. In those 90 seconds in the Pacific Ocean, I prayed to God, please let me live and raise a family and go back to what I was the best at, "HORSES" I realized within those 90 seconds. I was just another human-being blessed with being a excellent rider, trainer, coach and if they could save my leg I promised God that I would get this Very Big Chip off of my shoulder and try to become a whole and real person, this accident is what saved my life. The wake-up call changed me for life. From that moment on I became a giver and not a taker, and No-One owed me anything, but I surely owed so much to my family, my friends, my students, the Human Race. Humility has stayed with me ever since.

I kept my leg for 15 years with the disease osteomyelitis and always in terrible pain. But it made me appreciate life to the fullest, and how to love and respect everyone around me, and how to Slow Down and appreciate all the blessings I had.

Believe me. I became a softer, kinder, sensitive rider, teacher, coach and through all of this 'A REAL PERSON'

The biggest Test of all was right around the corner, 15 years later, when a young horse without a rider ran at full speed into my young horse and knocked us over at the warm-up ring at Empire Polo, The Desert Circuit.

My horse fell right on top of me and particularly on my Osteo leg. I had already had 36 operations to save the leg, but I had grown up and reality set in. I told my wife Kathy, the time had come. I had my leg amputated. I had given it all, but the time was right, another blessing in disguise. I had my left lower leg amputated and said to myself "SELF" you have a Horse Show in 6 weeks, you pick yourself up when your stump heals, put your pipe leg on, and put your straps around your waist and go back to what you do best. Horses, students, farm, family And never look back.

Believe it or not. I became even a better rider and road for the next 30 years. My students were winners, my family knew my personality and I practiced very hard, that I never had a limp.

The Beginning the Middle and the End. 56 years of being a professional trainer, teacher, mentor and the honor of being an Olympic Coach. Always owning my own farms with my family, making wonderful Equitation riders from the time they were 6-7 years old and most stayed training with me until they went off to college. Traveled around the World as A Coach & Clinician, the Olympic Games, Pan-Am's, World Cups. Nation Cups.

I may not look old, nor do I act old (I think) But my body and God was telling me to hang up the boots and you will be able to stay around awhile longer. I canceled Escrow on the New Farm and for whatever time I have left finish writing my 3 books. "Learning to Ride-RIGHT", Become An Equitation Rider with feel and sensitivity, "THE MAKING OF AN EQUITATION RIDER TODAY" not a mannequin. And the 3rd Book "The Cintas Stigma"

I just want to say I Thank You All. I Love You All, and to God. thanks for all the Wake-Up Calls!

Coach Michael

## BEREIT ZUM GALOPP

Als Michael Cintas im Alter von 2 Jahren zum ersten Mal auf einem Pony ritt, entwickelte er eine Liebe zum Reiten, die sein ganzes Leben prägen sollte. Entschlossen, ein eigenes Pferd zu besitzen, bekam er sein erstes mit 12 Jahren. „Ohne dieses wunderbare junge Pferd, das mir so viel beigebracht hat, hätte ich nie die Wertschätzung für alle Tiere in meinem Leben entwickelt", sagt Cintas. „Jeden Tag nach der Schule ging ich direkt zu den Ställen und ritt."

Die Dinge änderten sich durch einen Bootsunfall im Jahr 1971, der zur Amputation eines seiner Beine führte. Cintas, jetzt 60, gründete das Equestrian Centers International in Rancho Mirage. „Im Laufe der Jahre war die Stadt unser Sponsor für viele US-Pentathlon-Veranstaltungen, Trainingslager und Wettbewerbe, besonders als wir den Pentathlon-Weltcup 2011 ausrichteten und 36 Länder begrüßten", sagt er.

Cintas ist außerdem Reittrainer des US-Pentathlon-Teams und war Olympiatrainer bei den Spielen in Athen, Peking, London und nun Rio. Und Cintas selbst reitet und nimmt weiterhin an Wettkämpfen teil.

·